I0697714

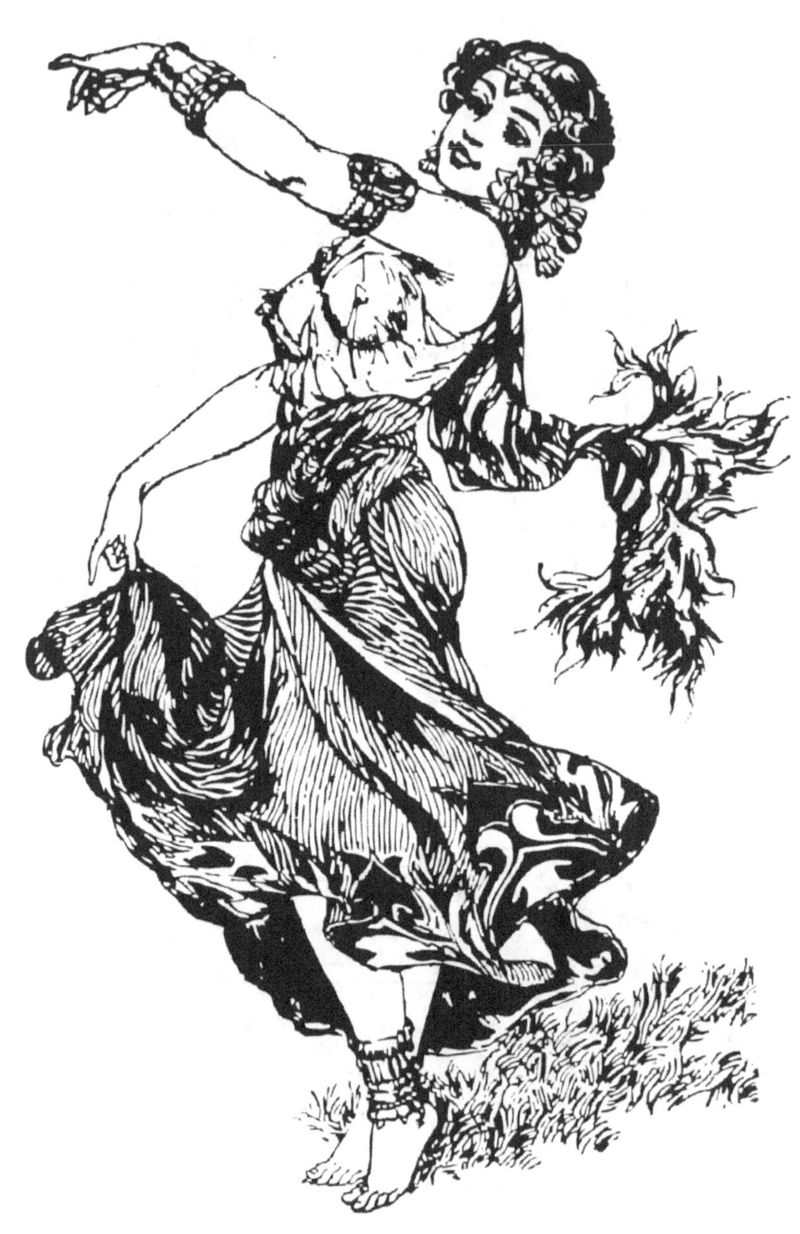

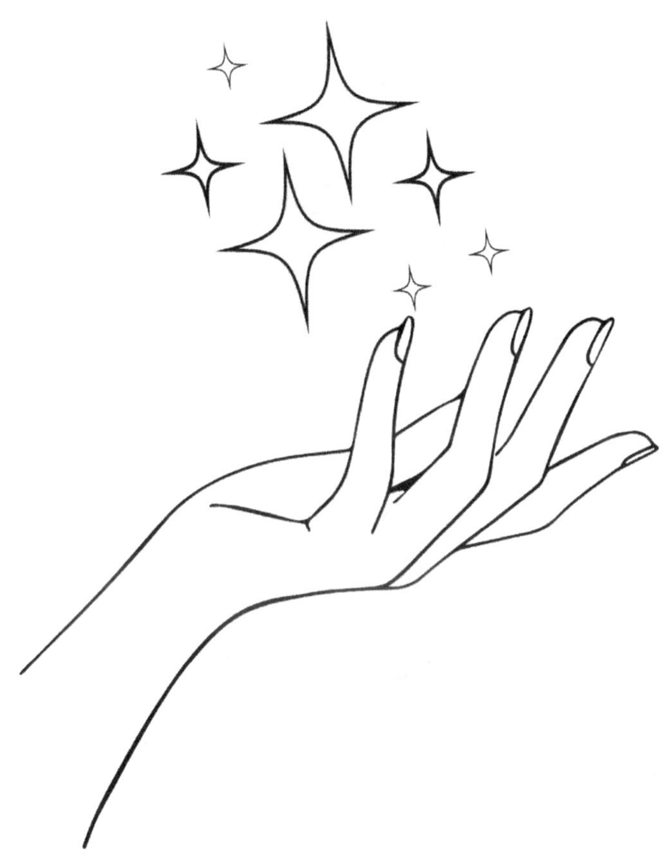

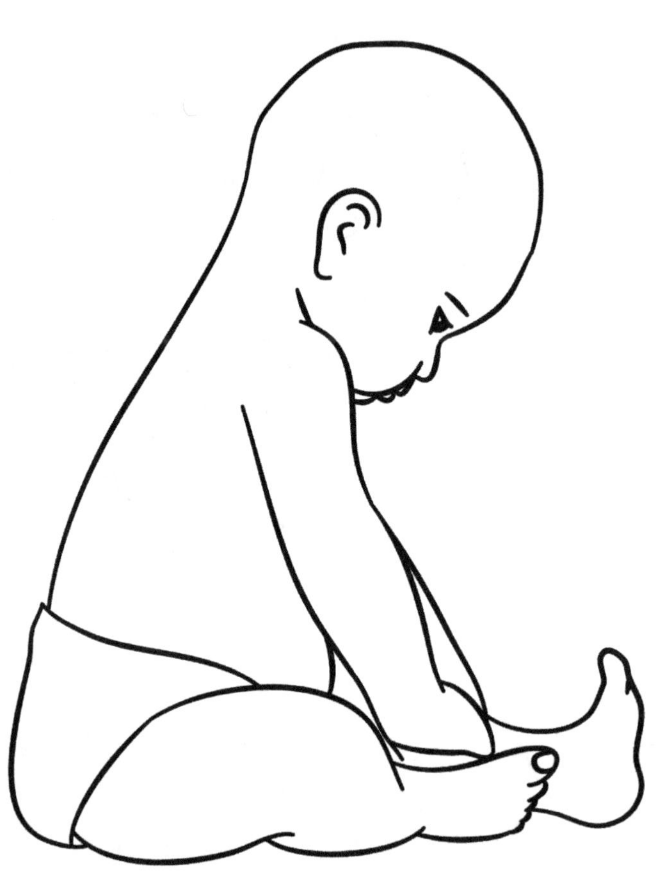

WINE NOT?

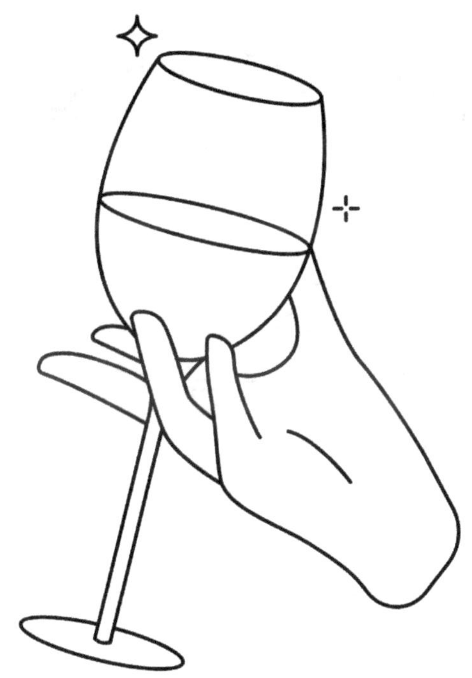

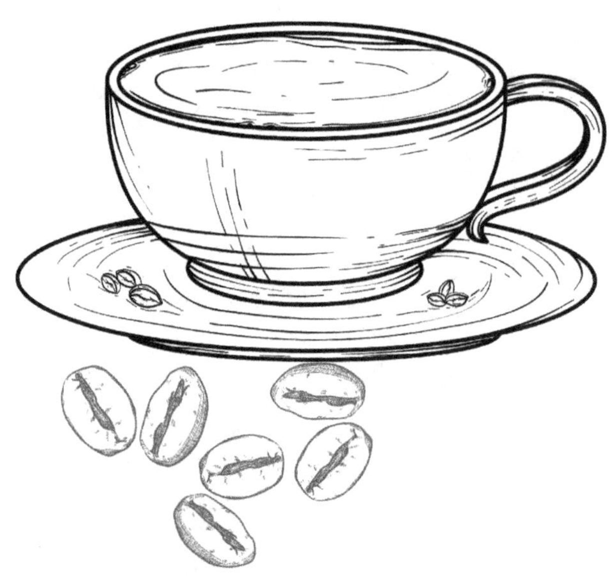

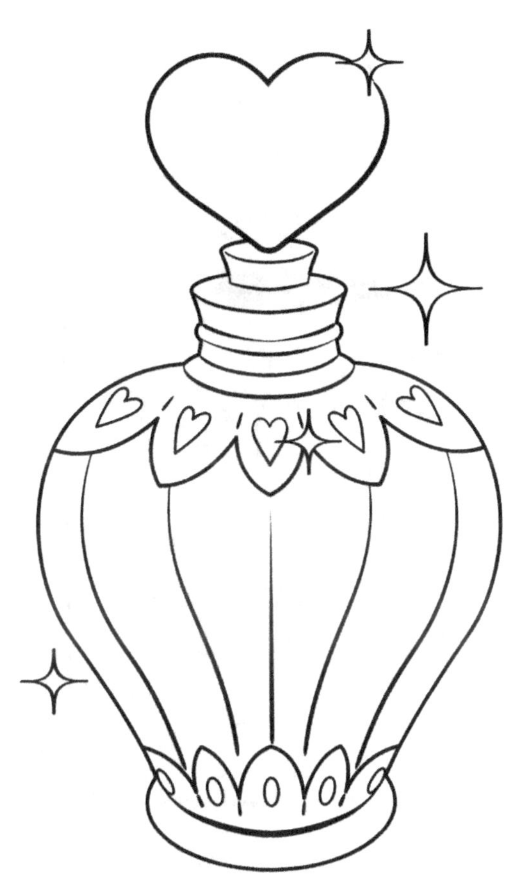

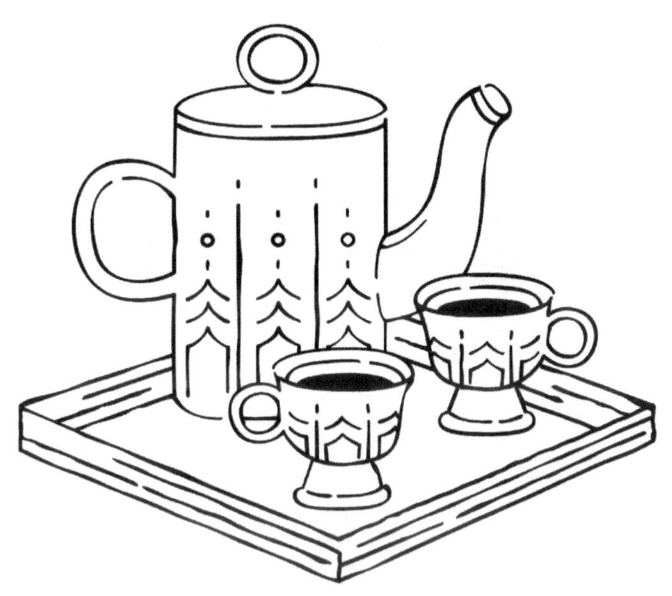

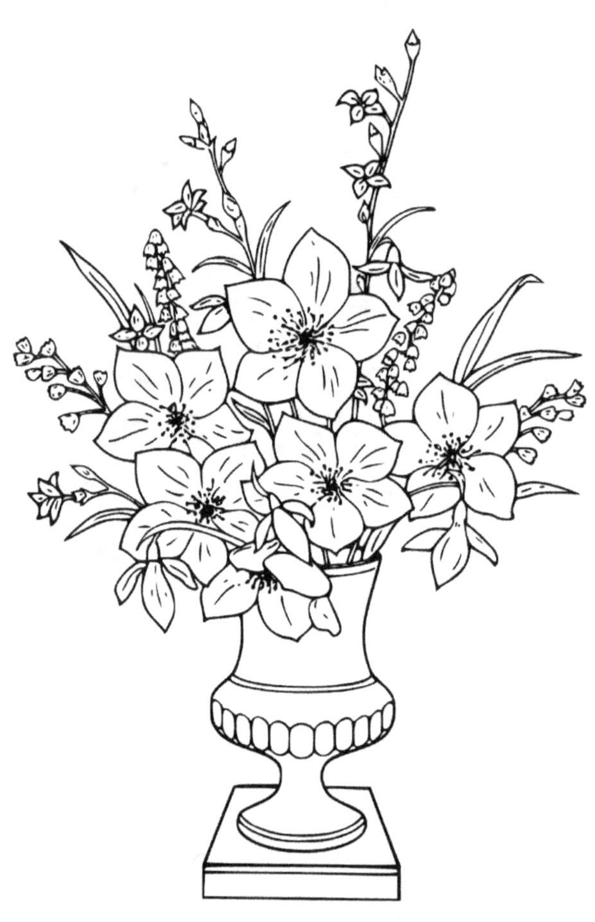

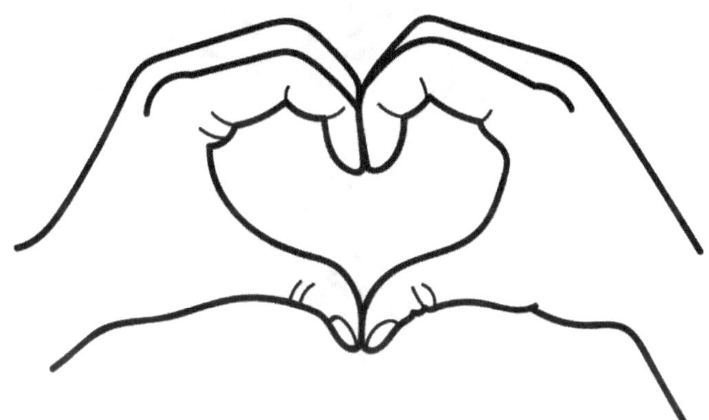

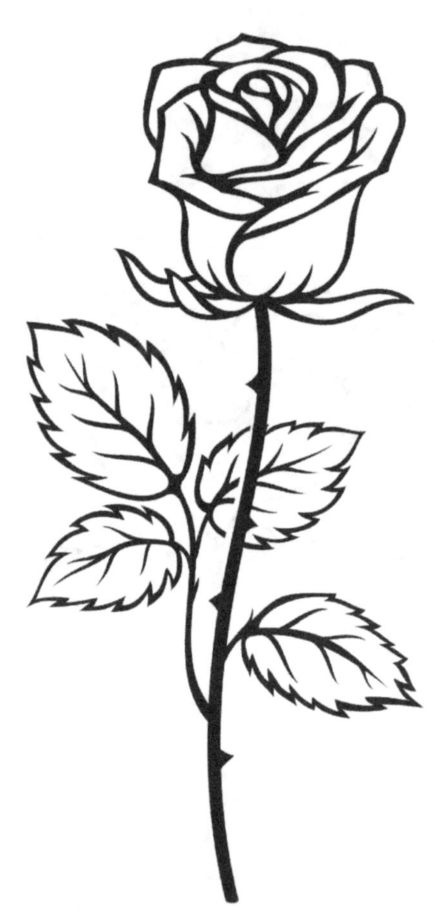

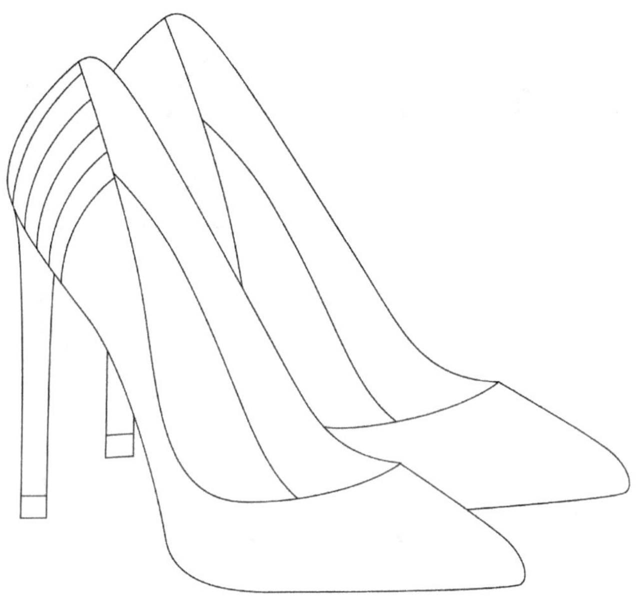

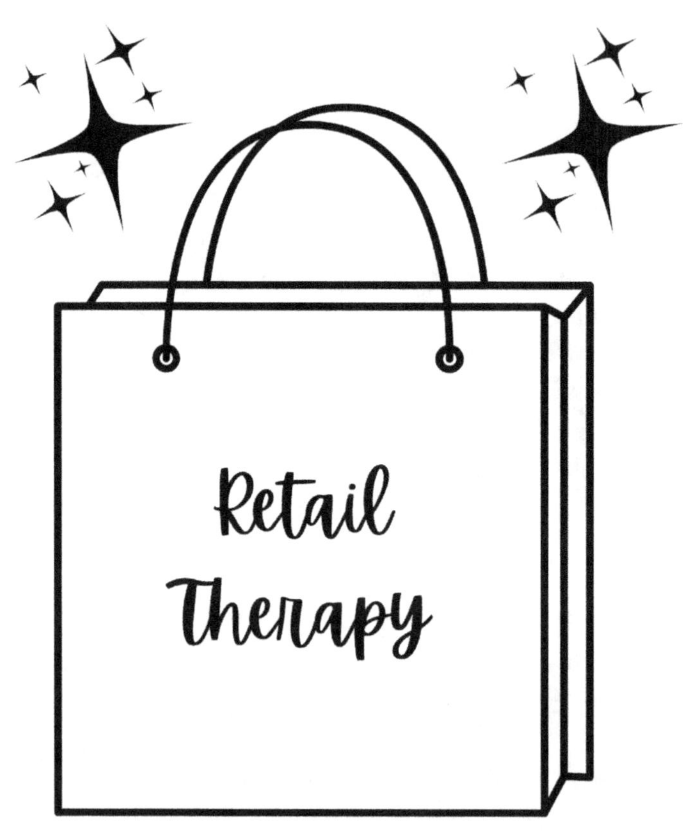

Retail Therapy

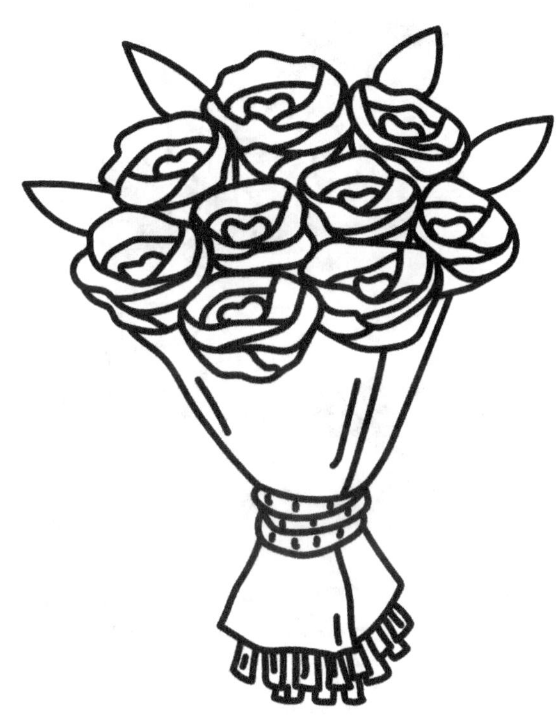

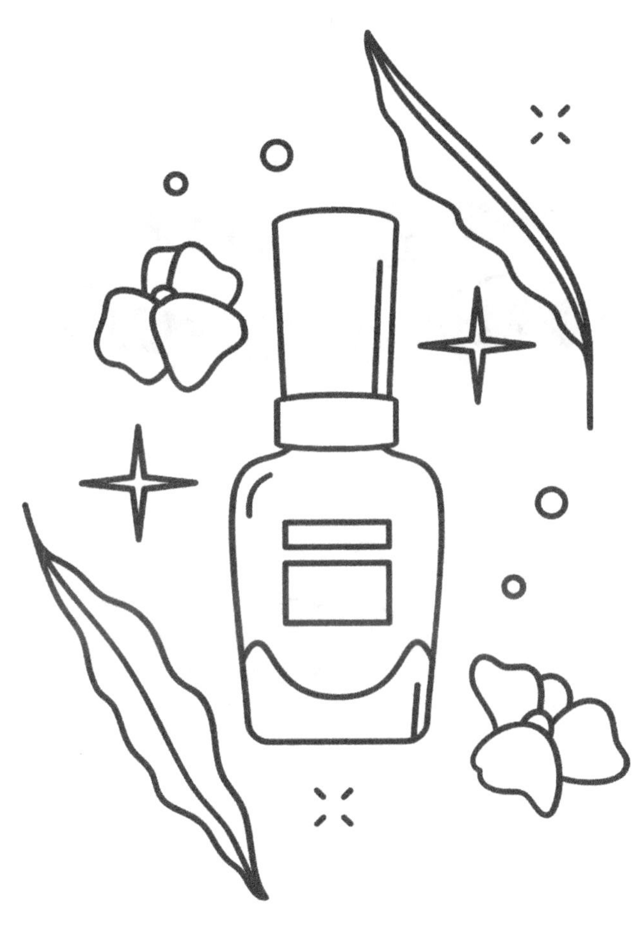

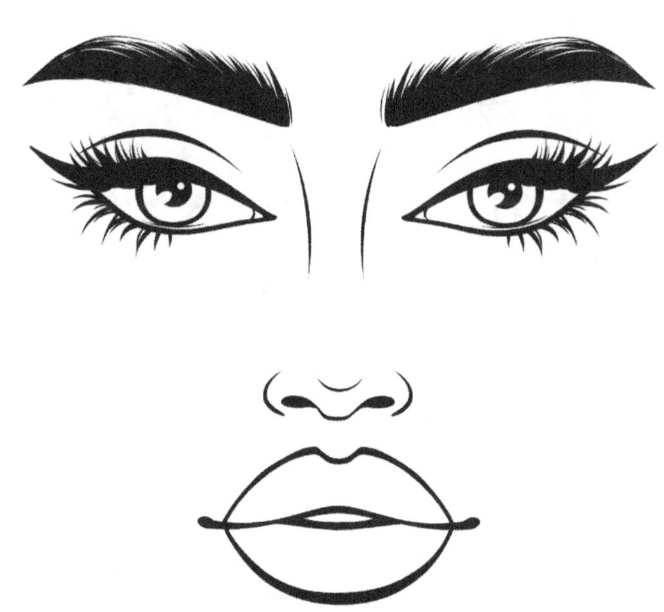

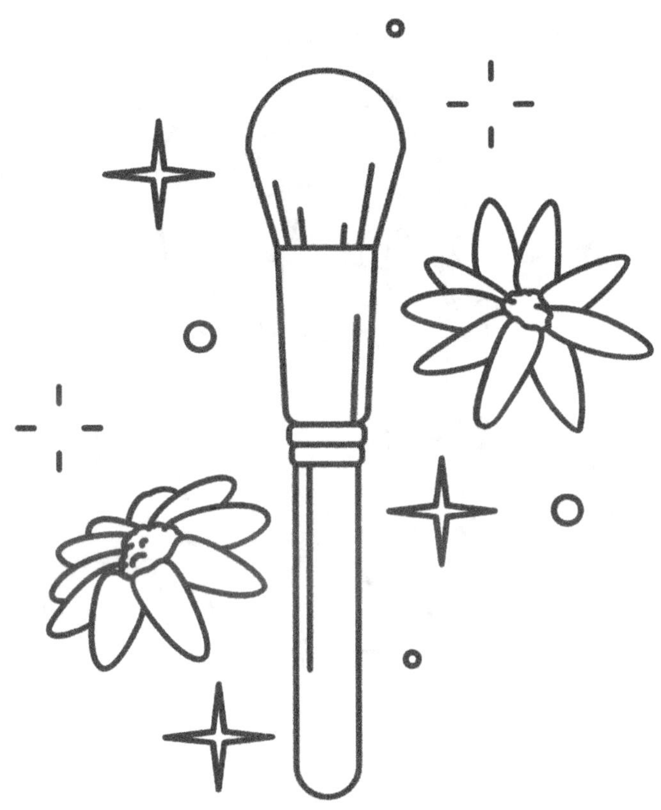

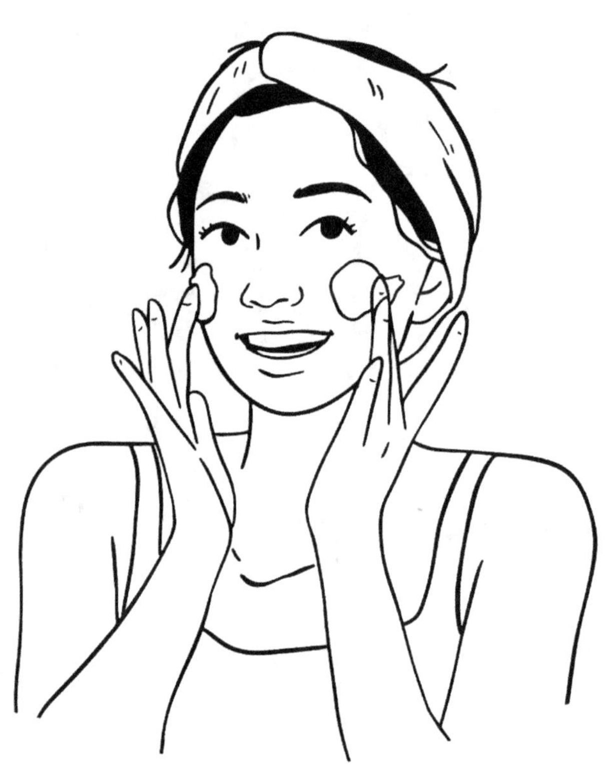

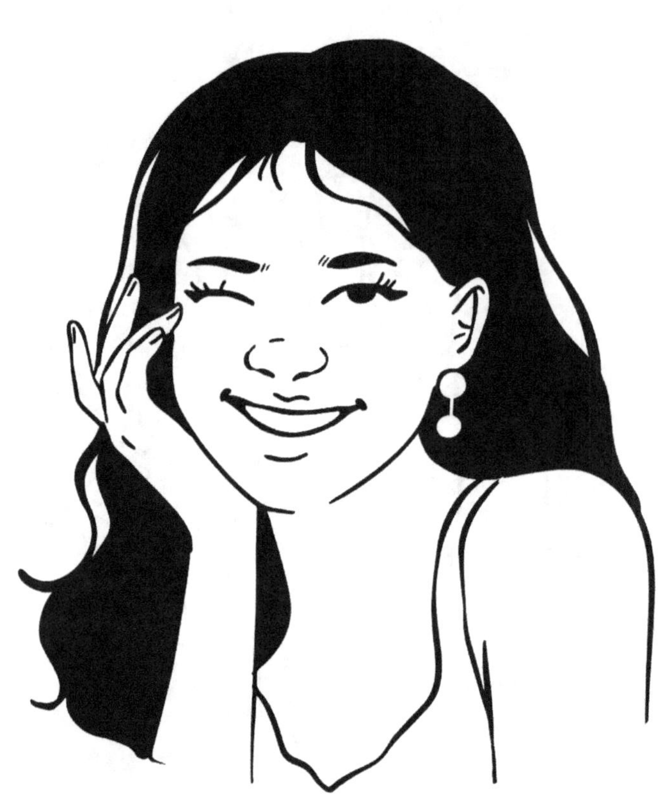

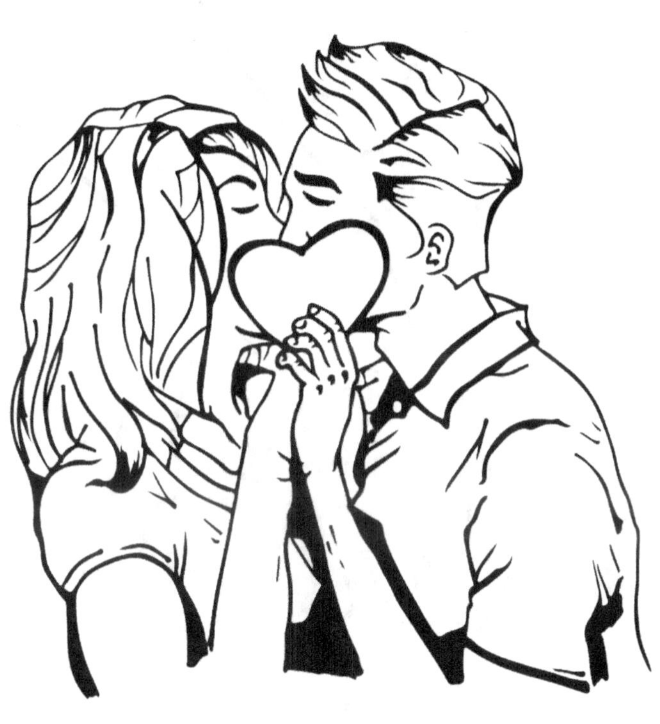

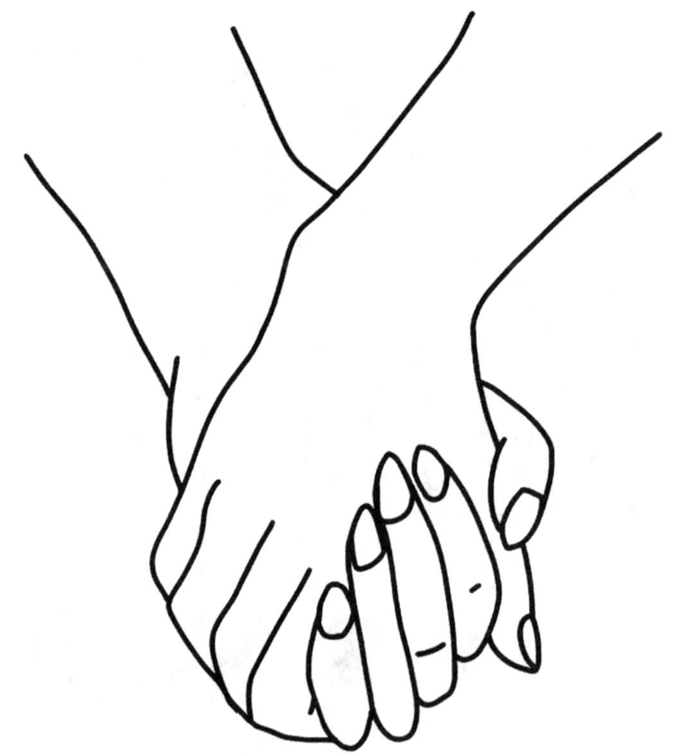

Blessed

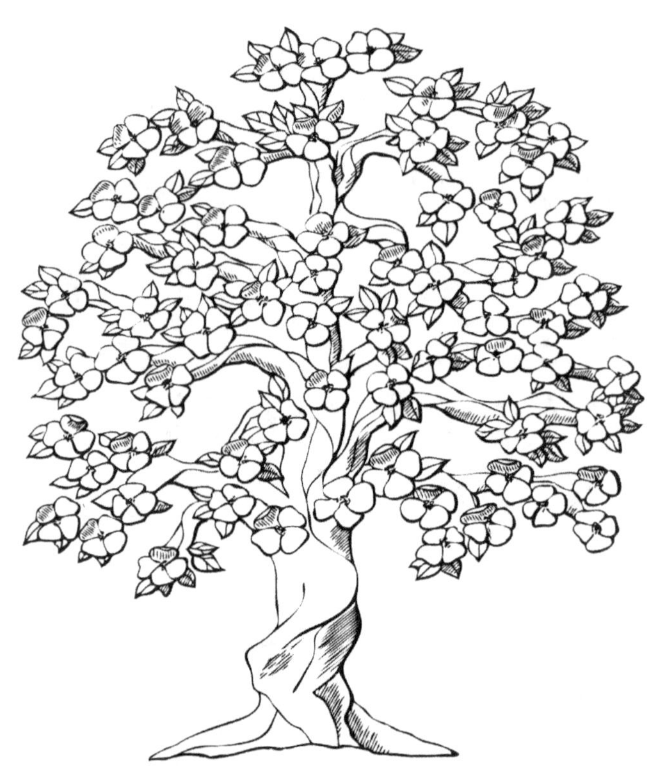

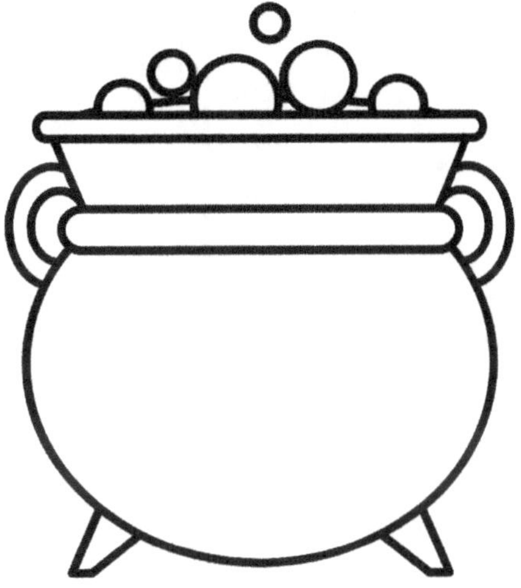

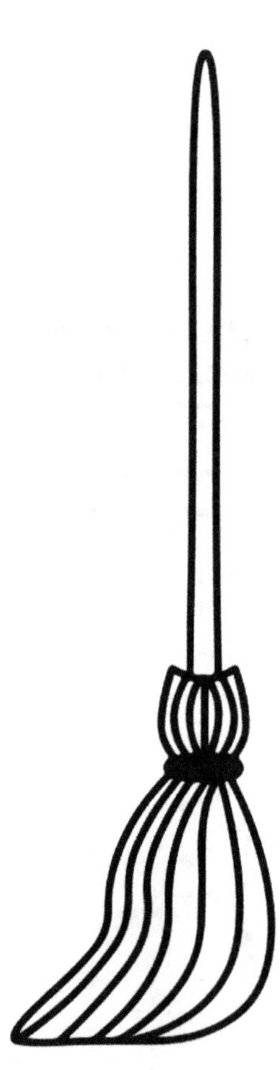

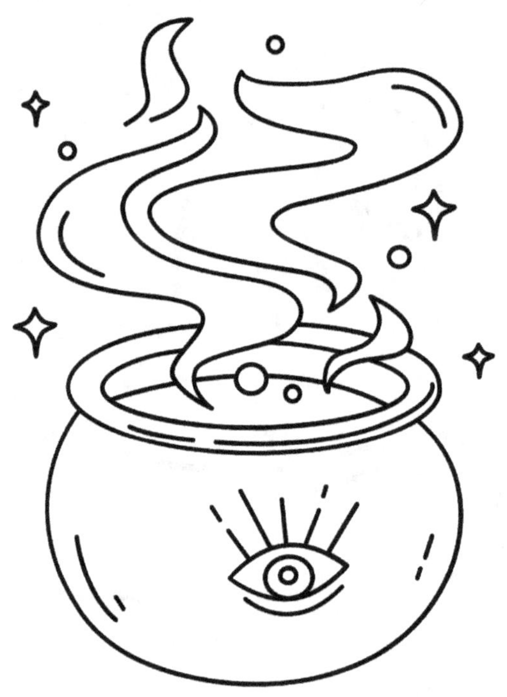

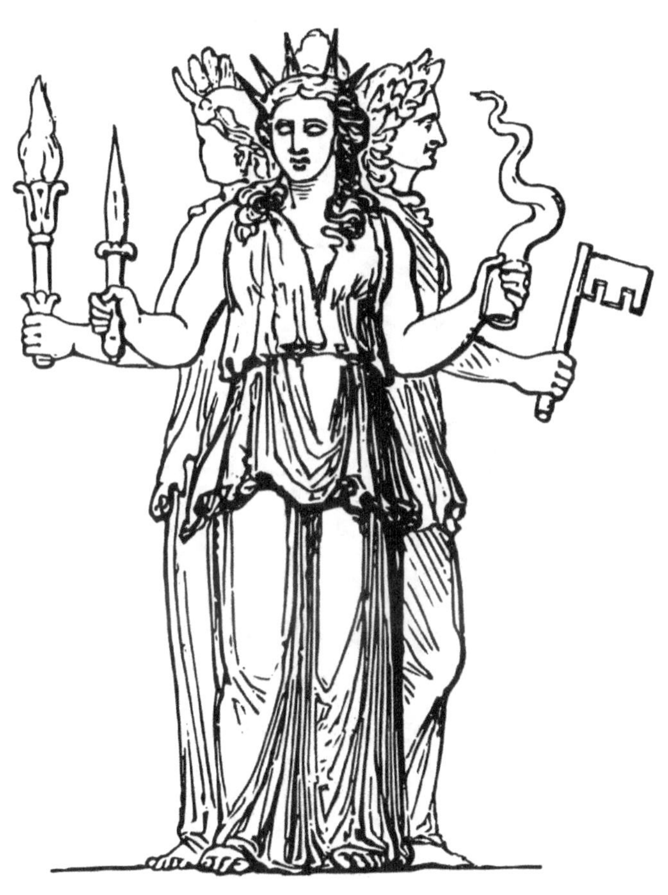

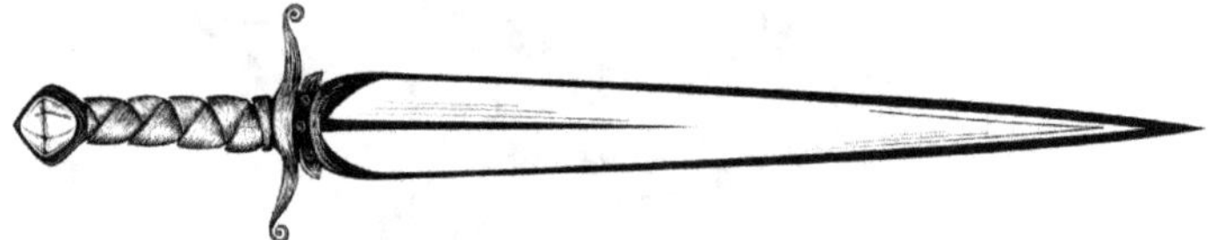

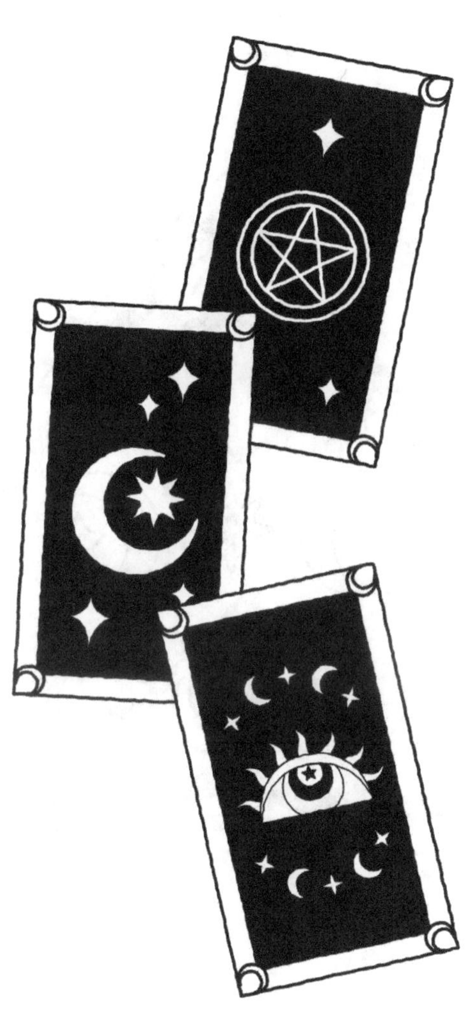

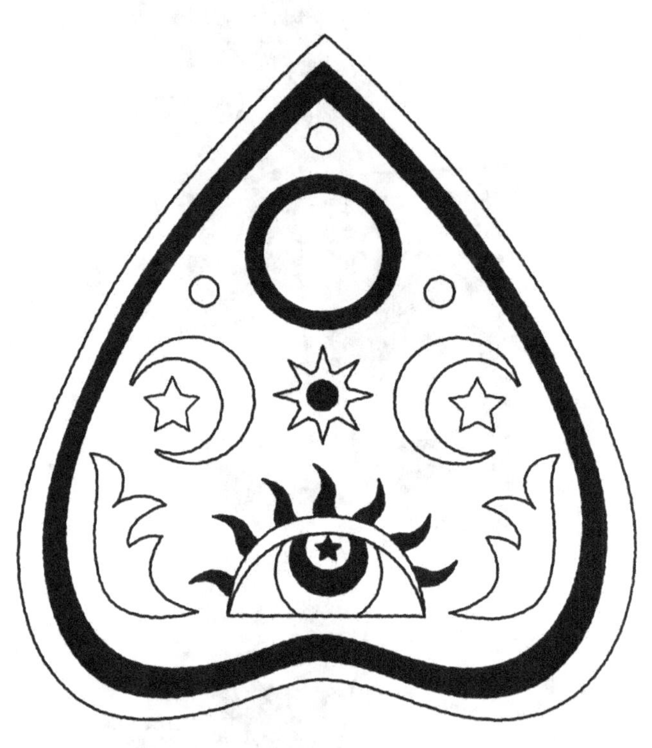

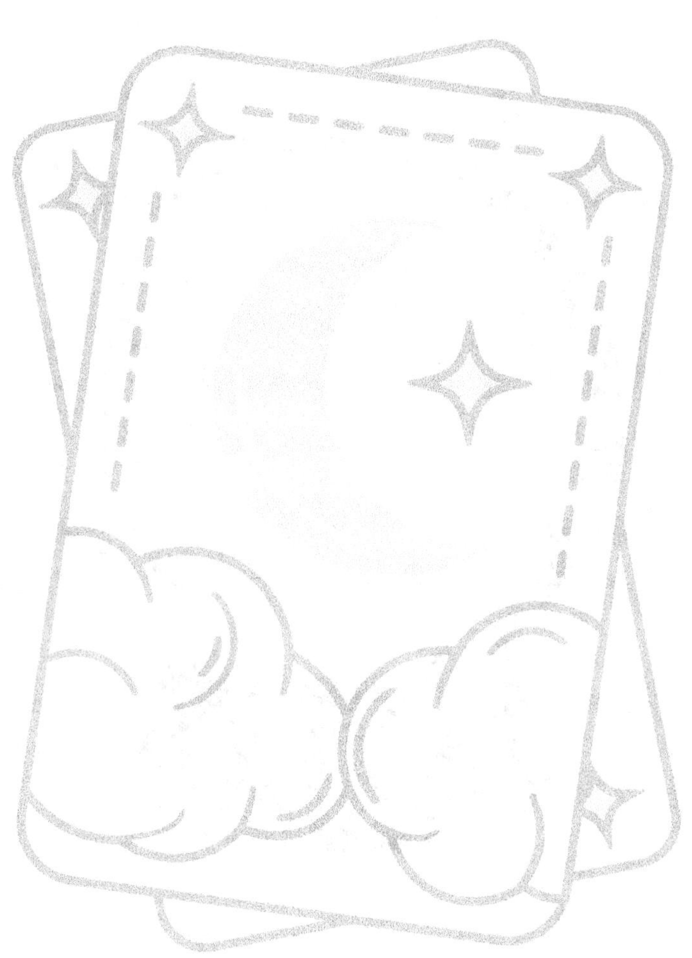

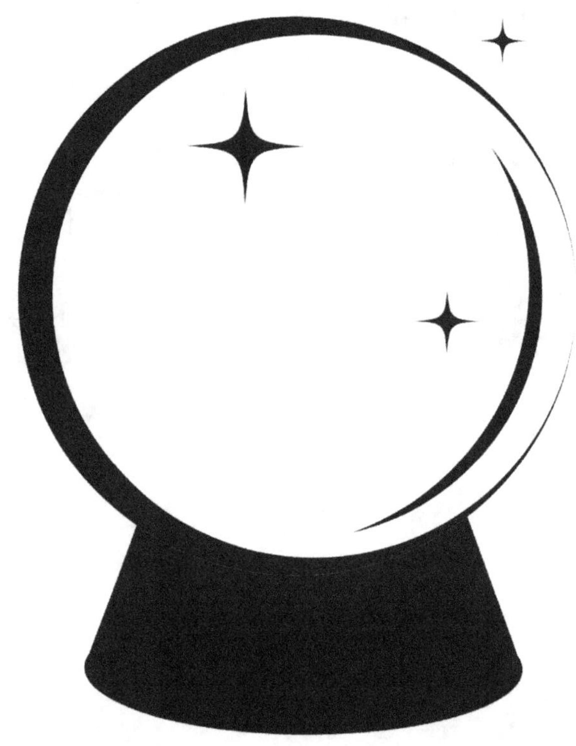

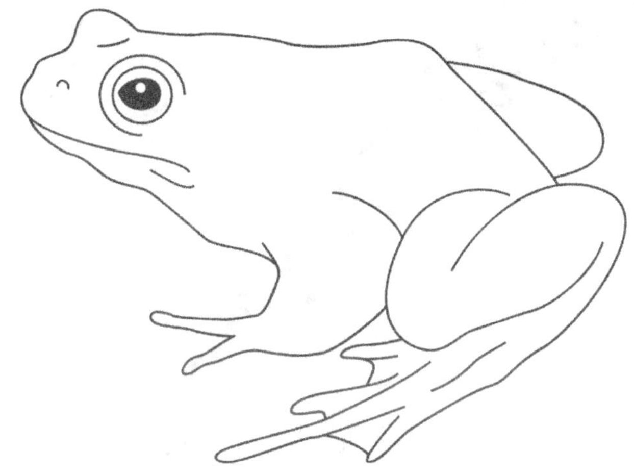

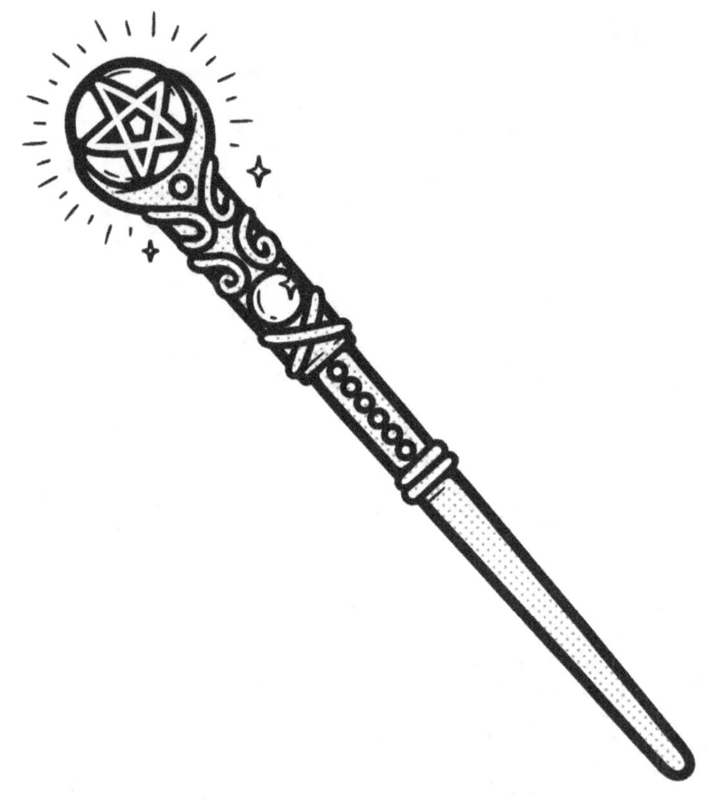

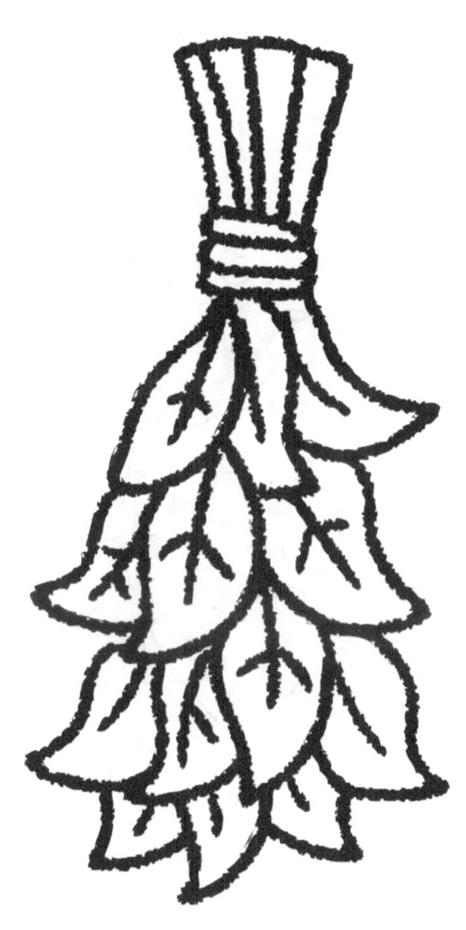

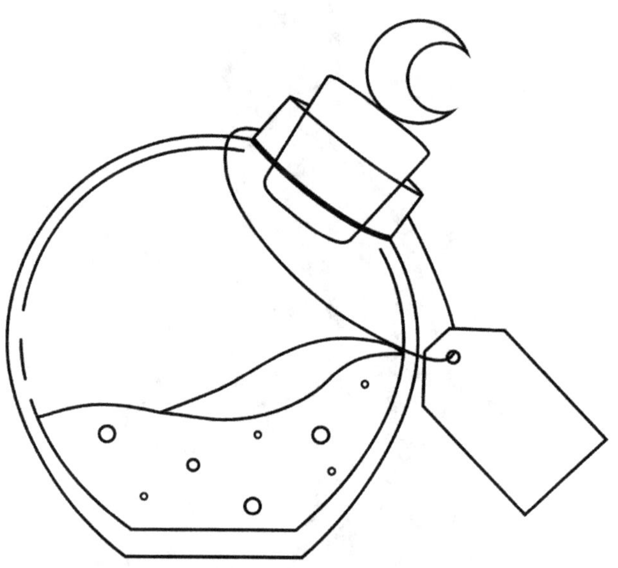

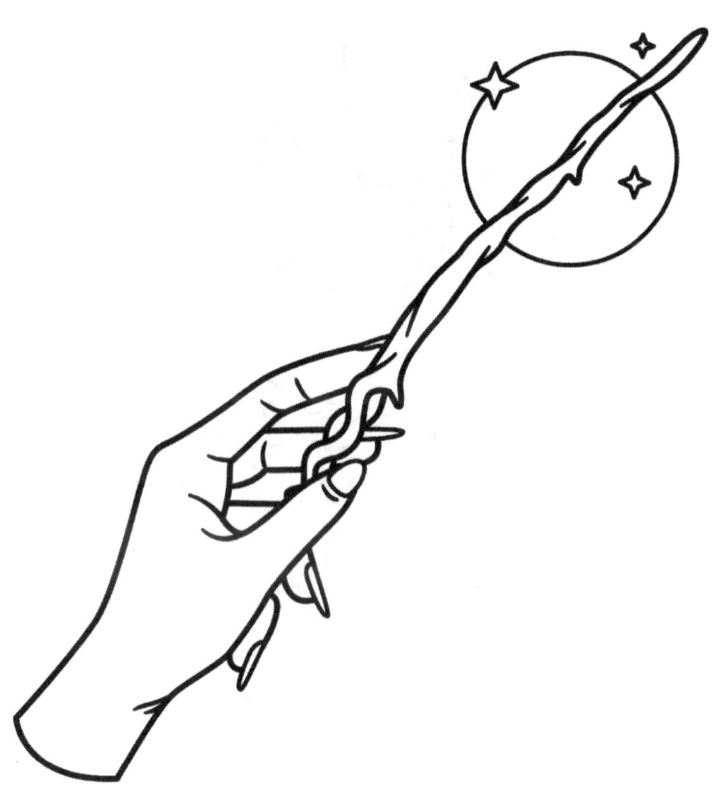

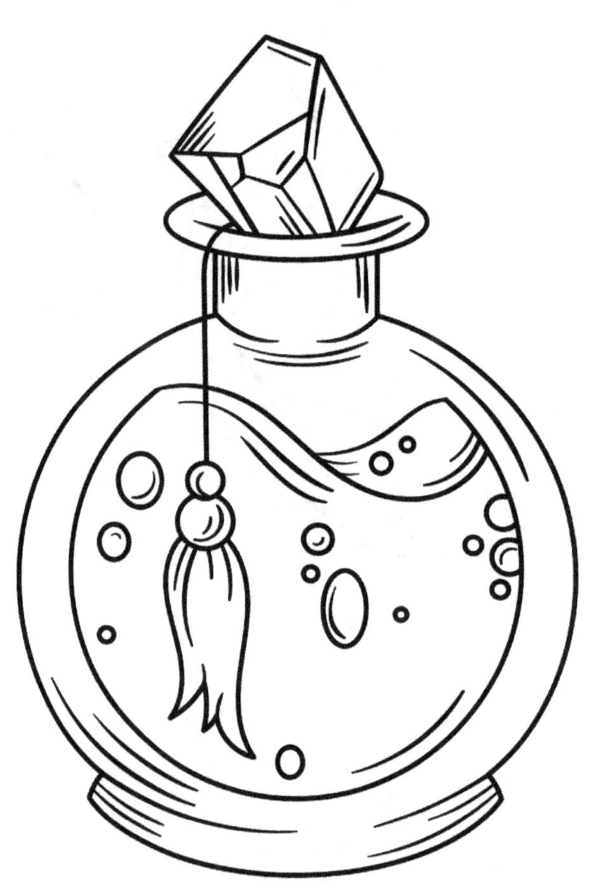

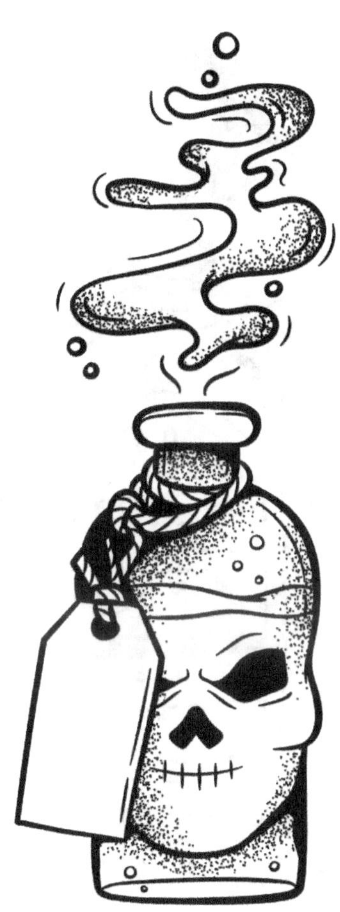

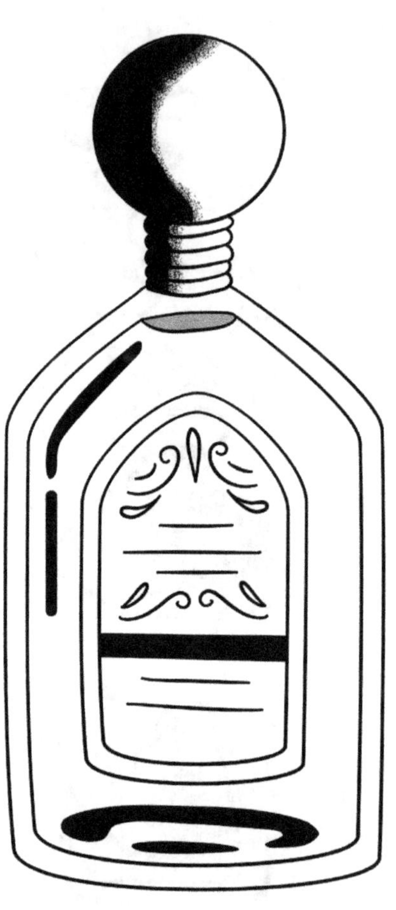

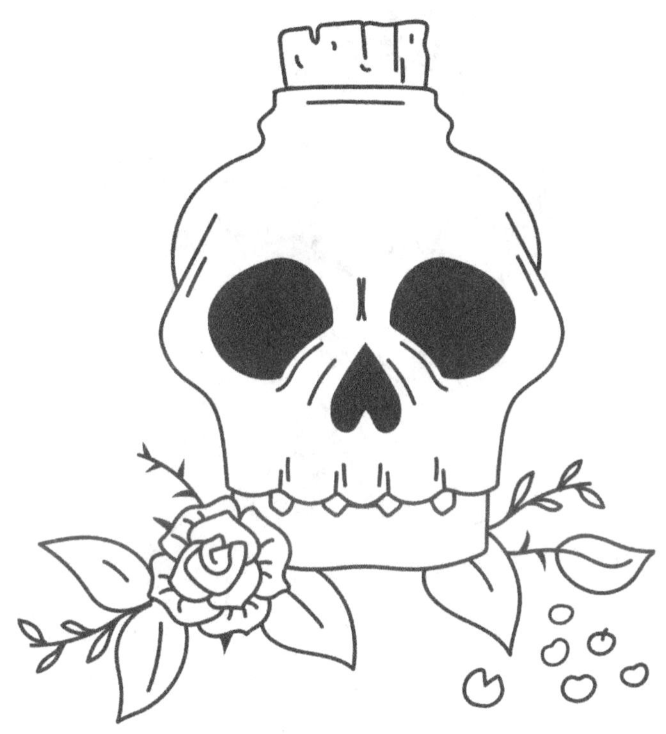

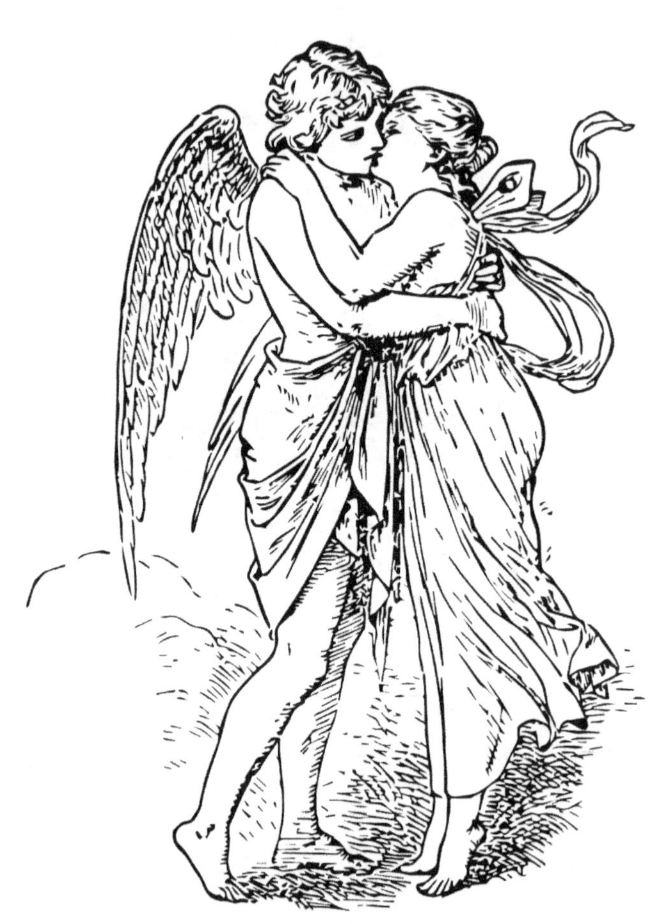

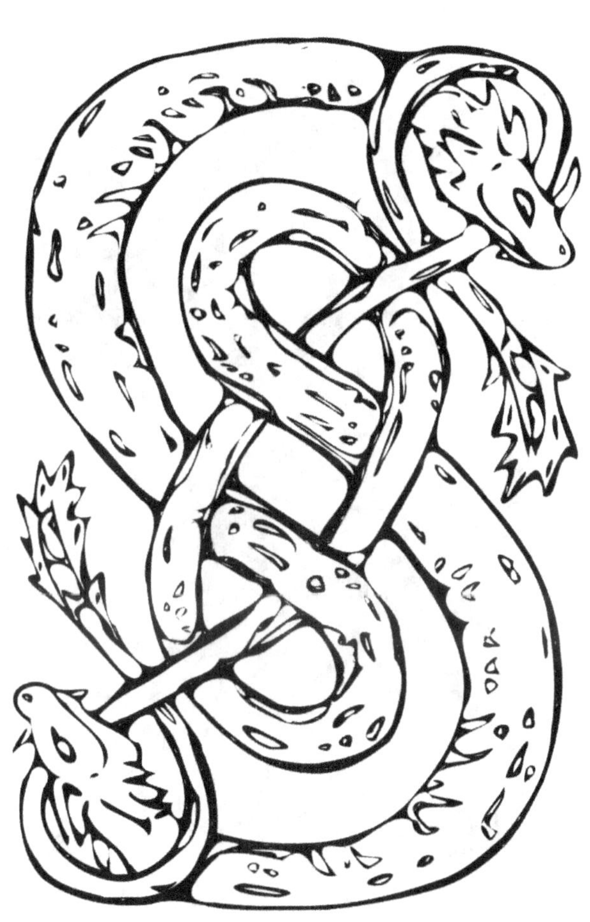

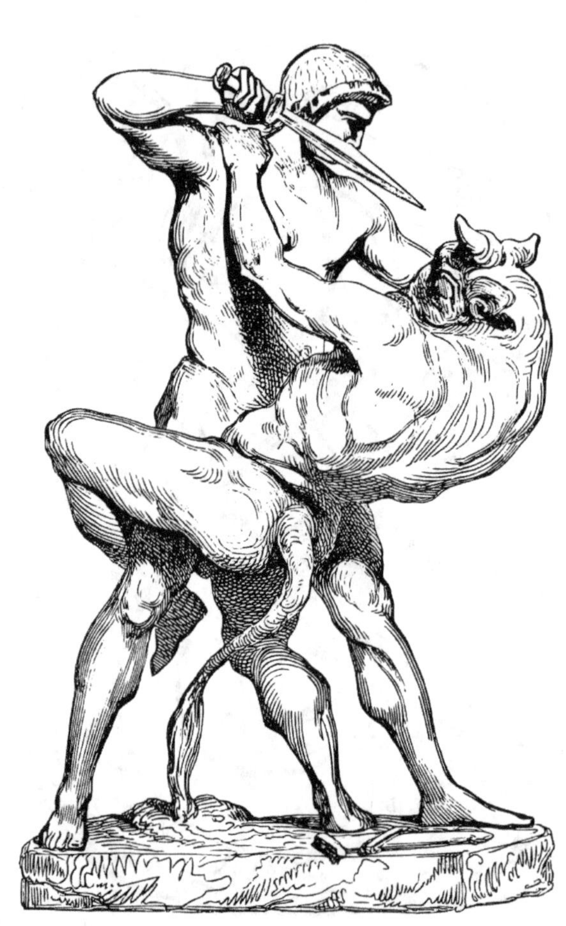

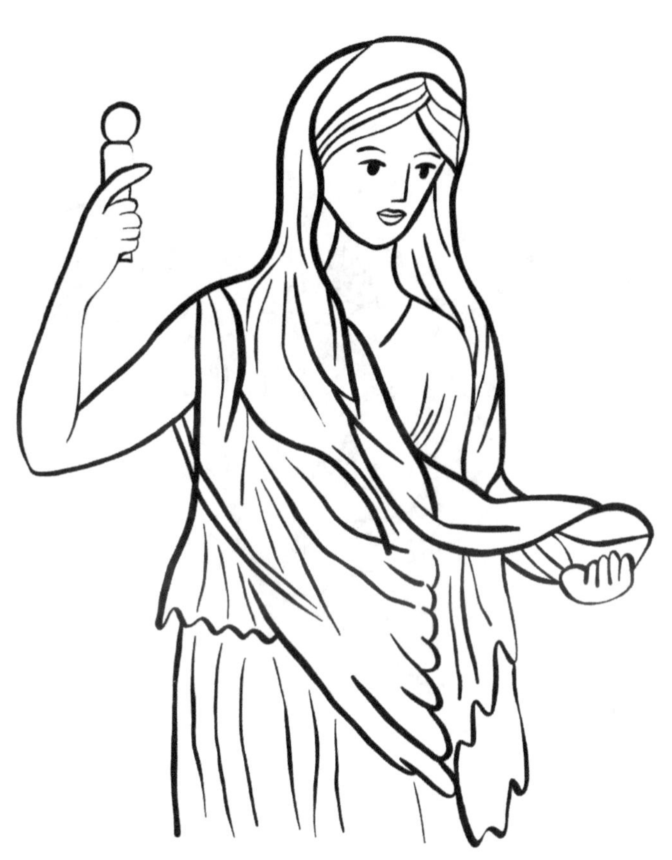

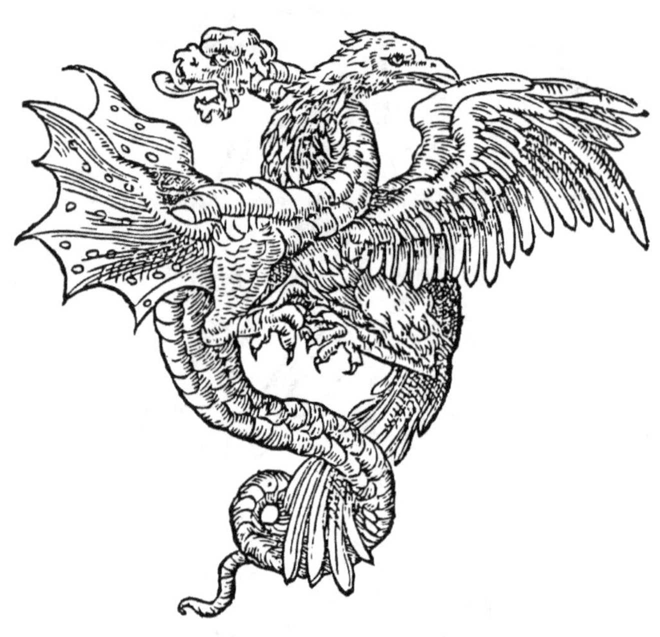

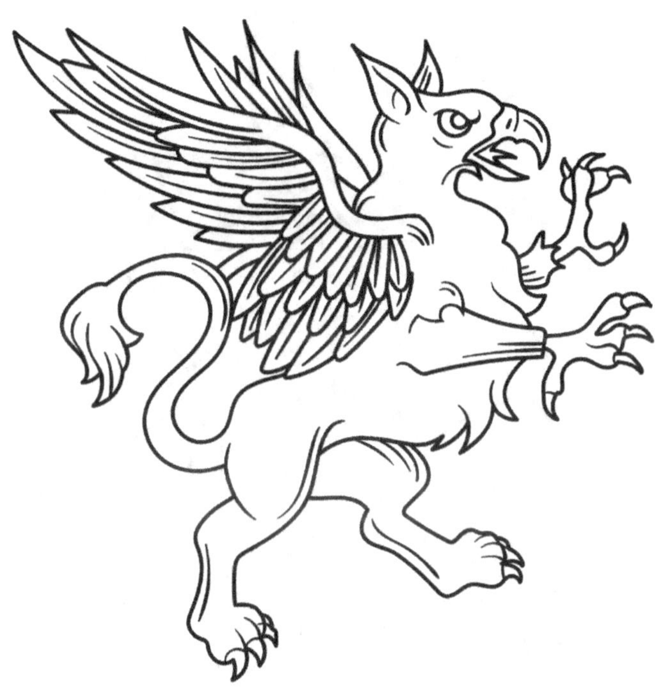

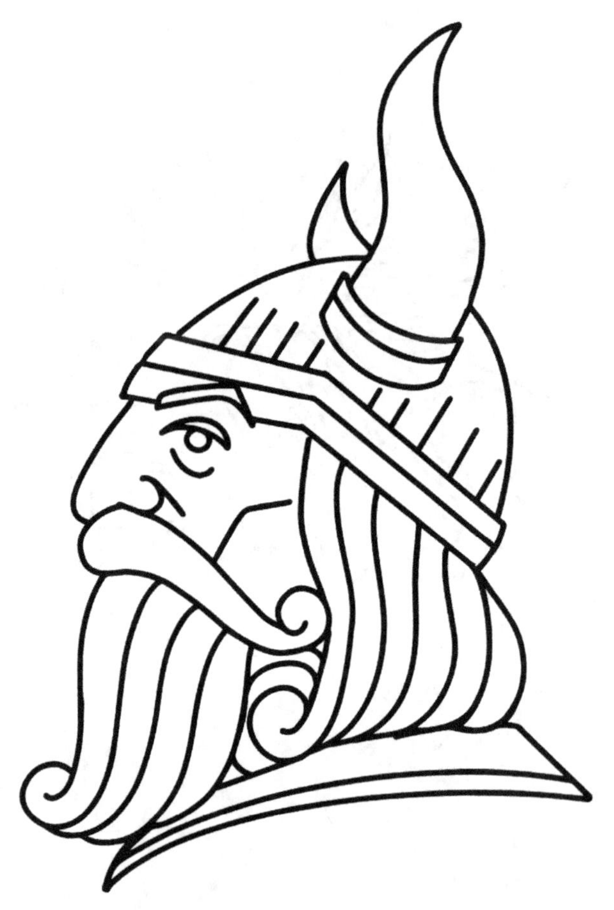

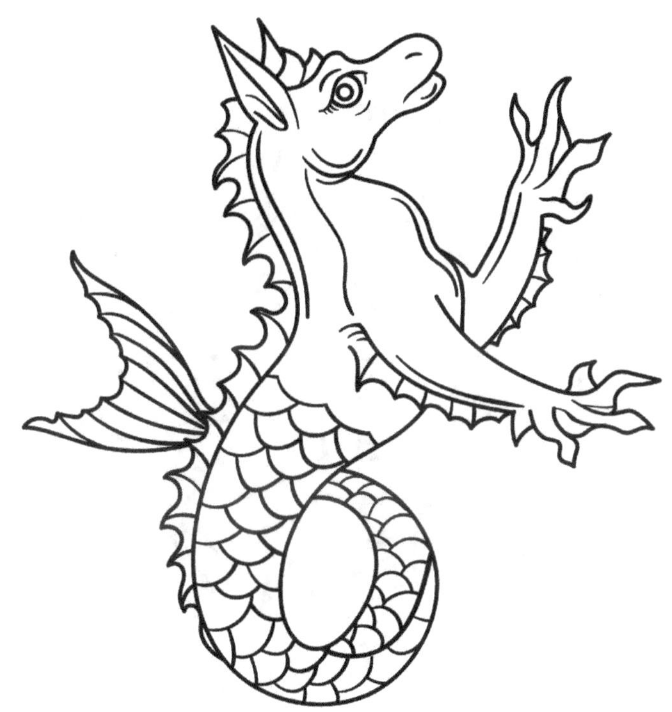

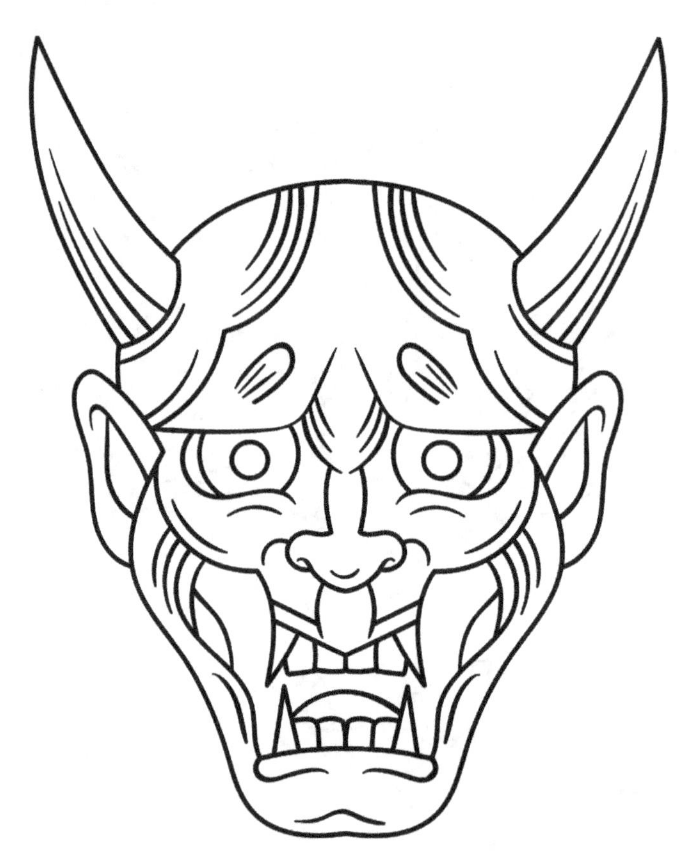

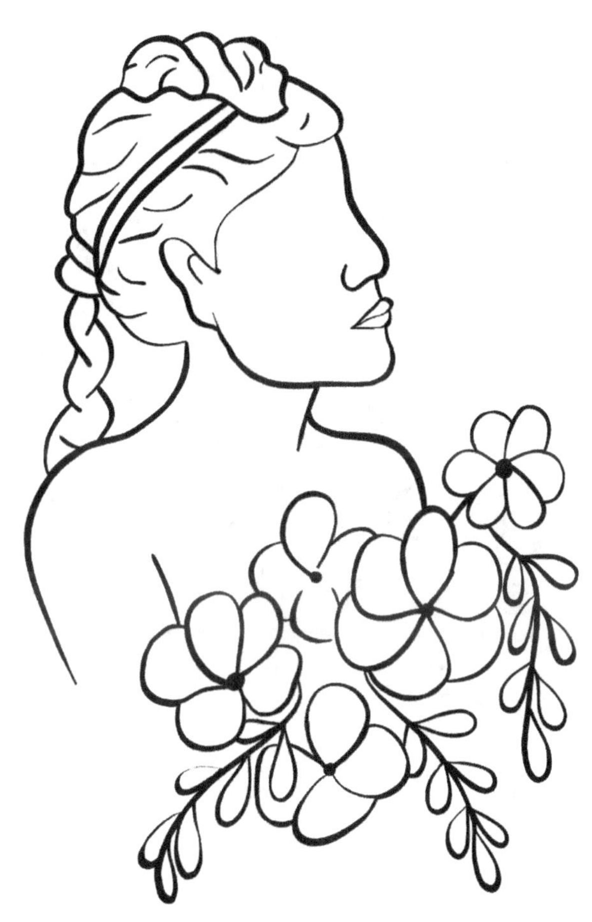

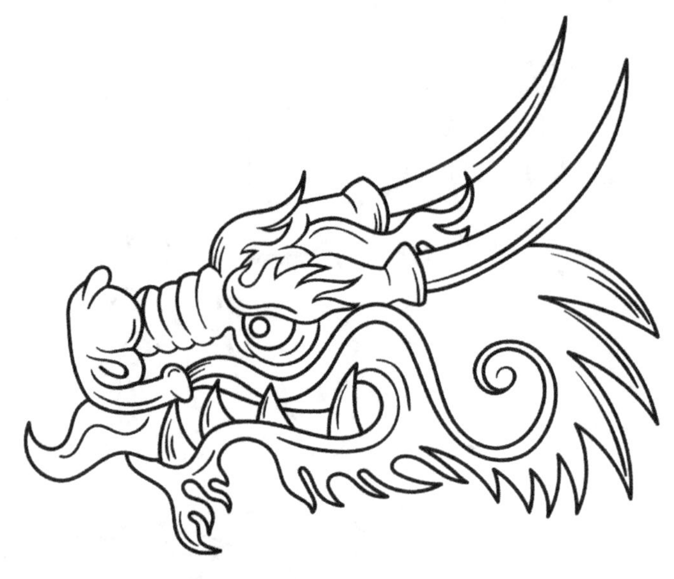

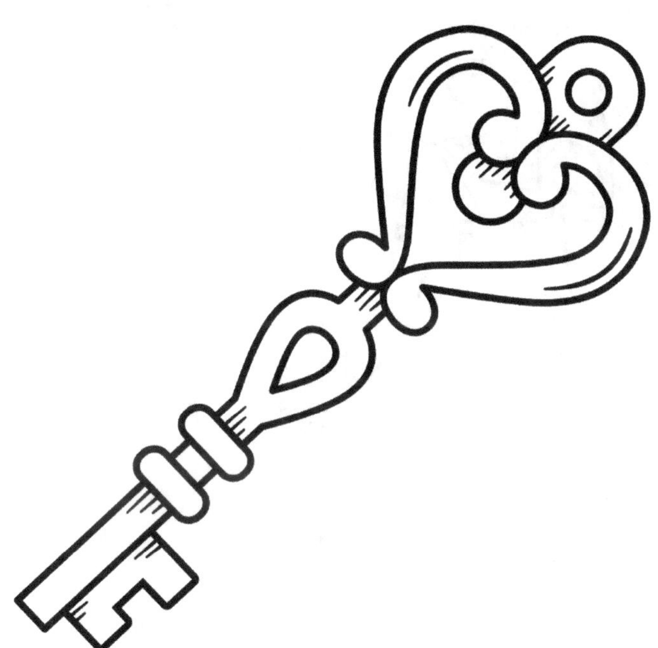

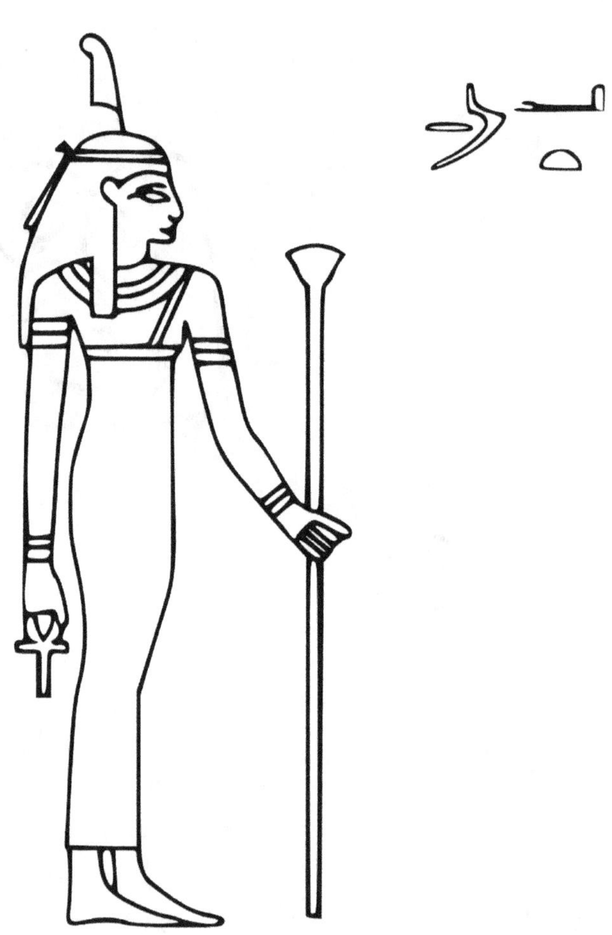

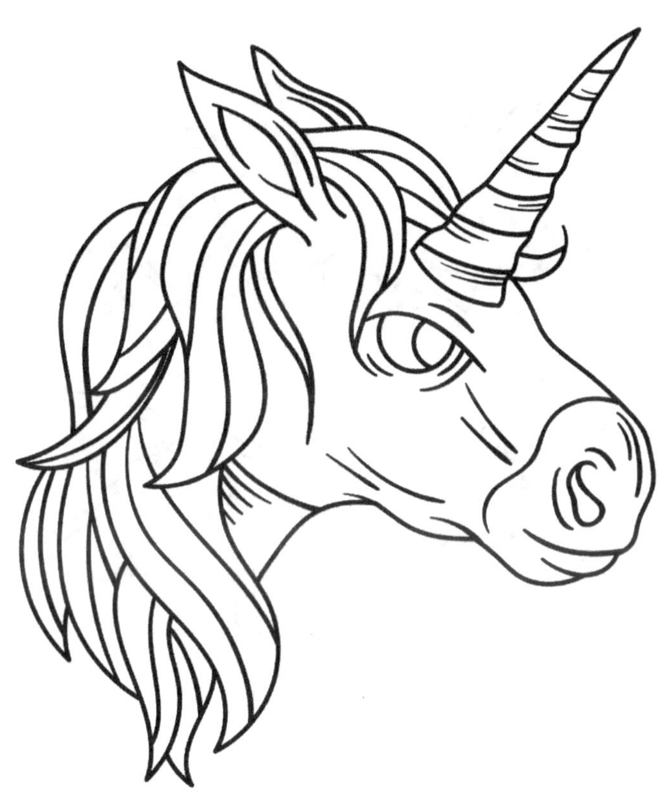

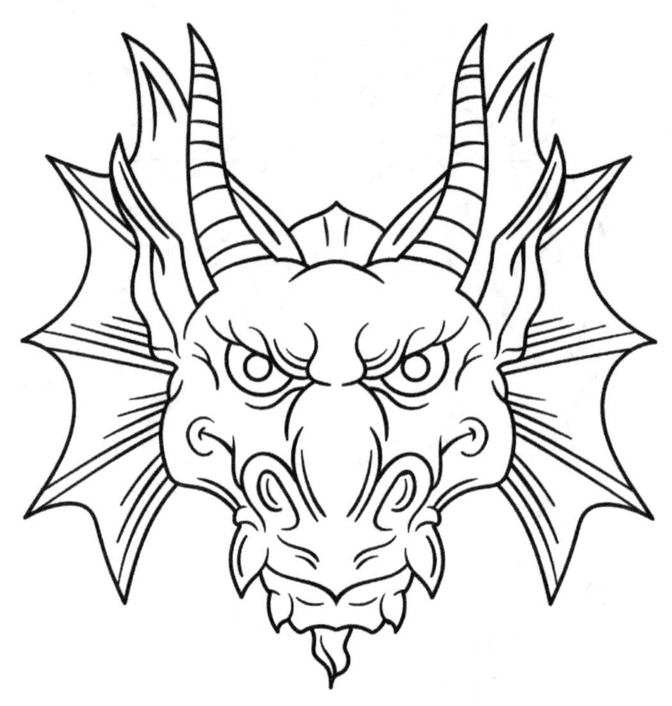

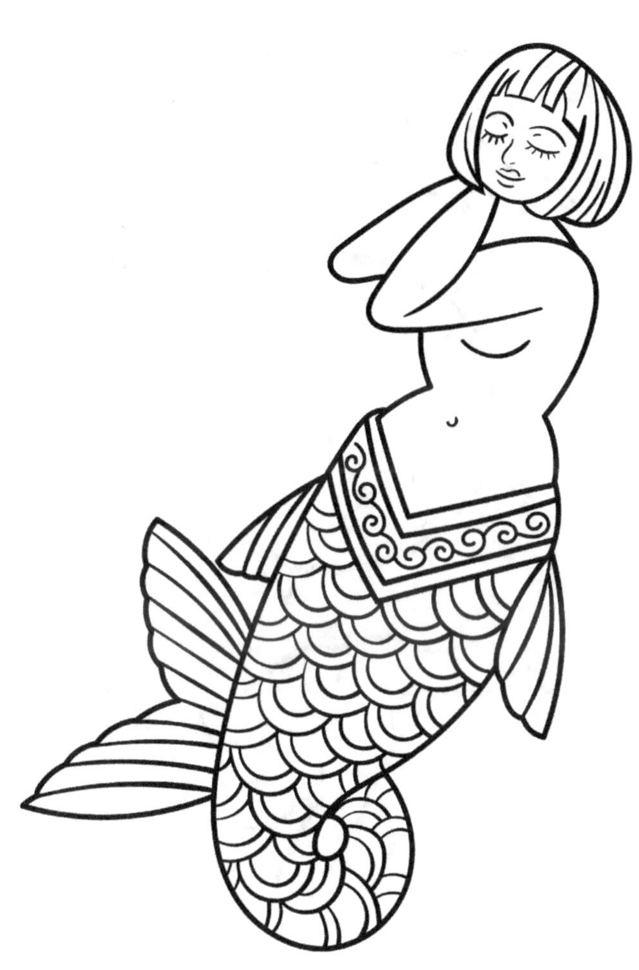

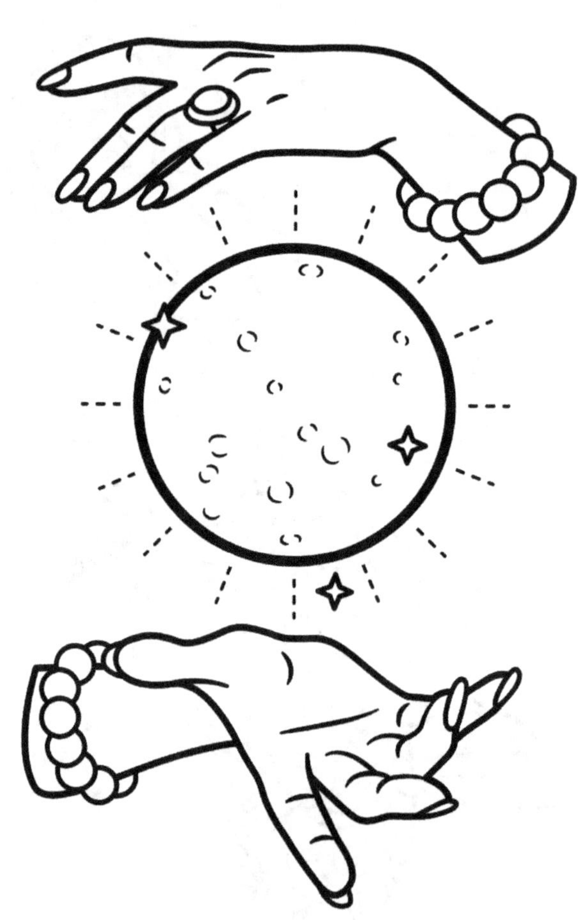

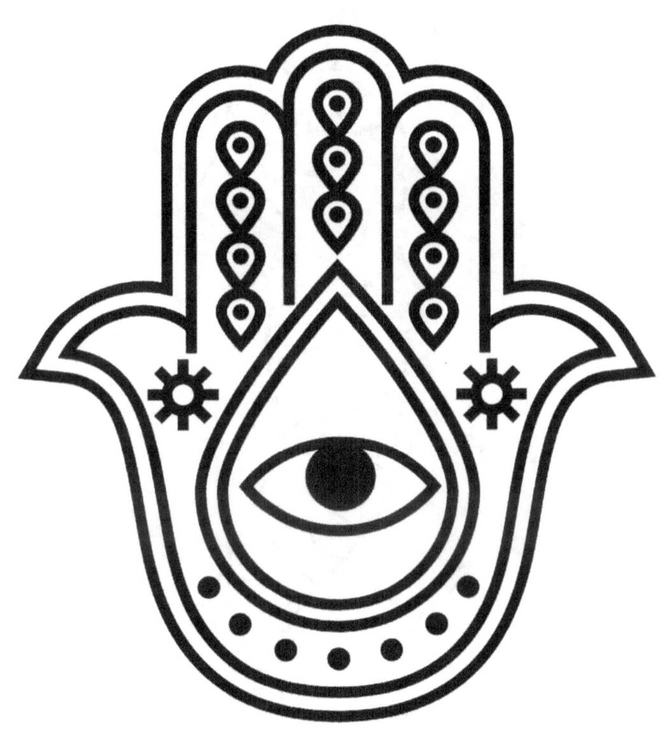

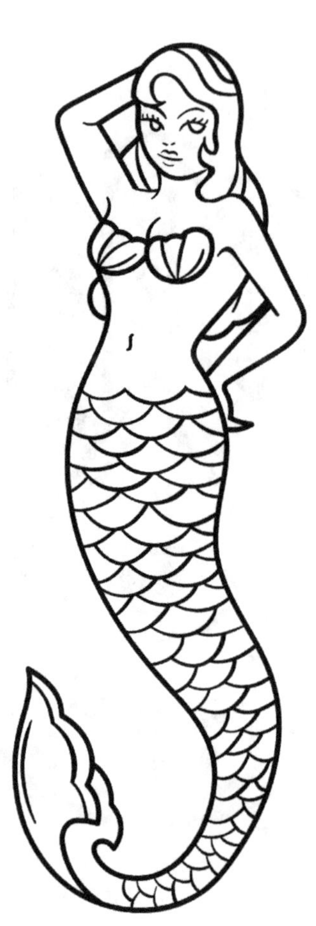

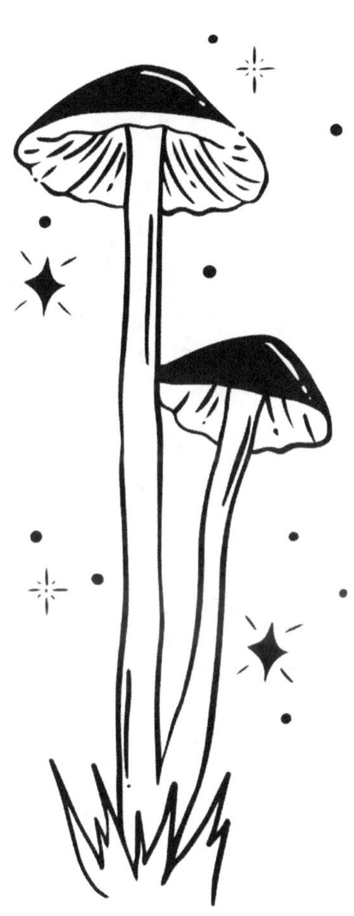

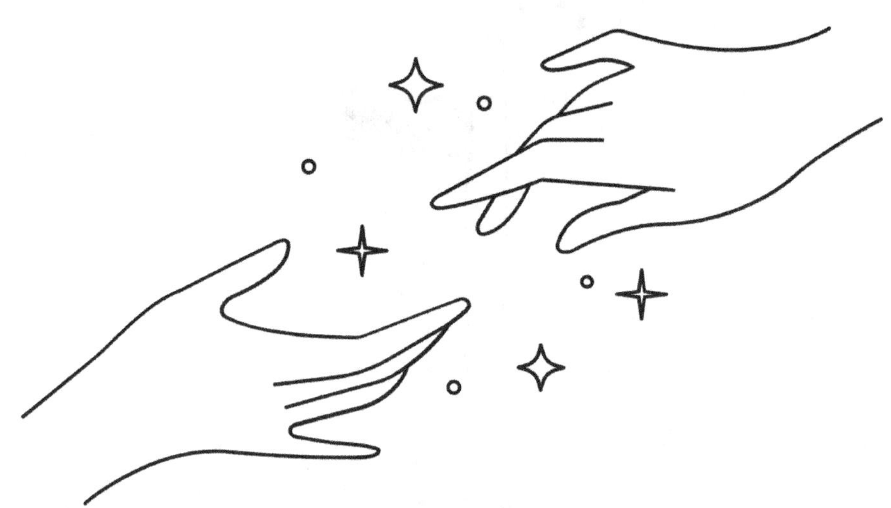

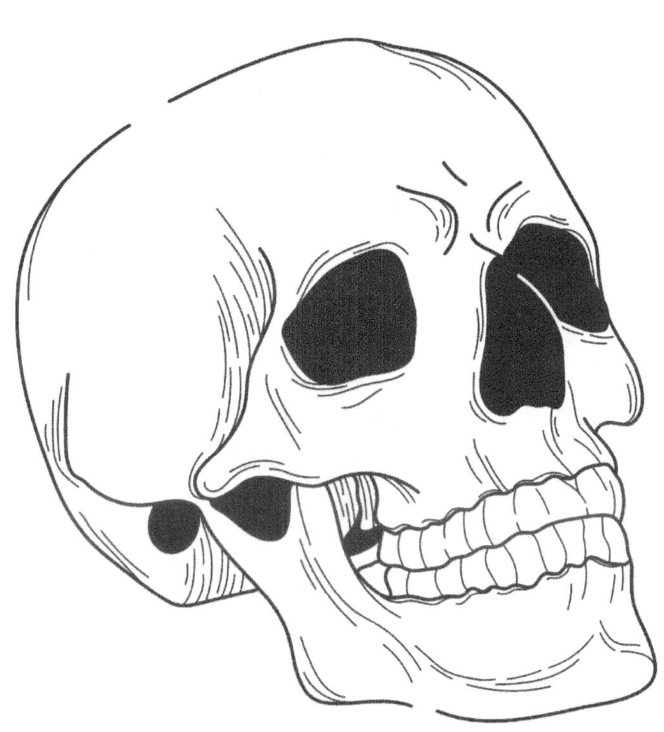

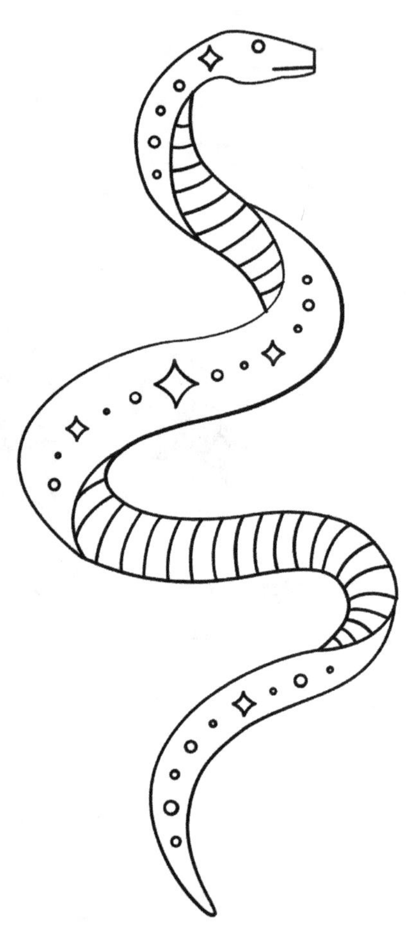

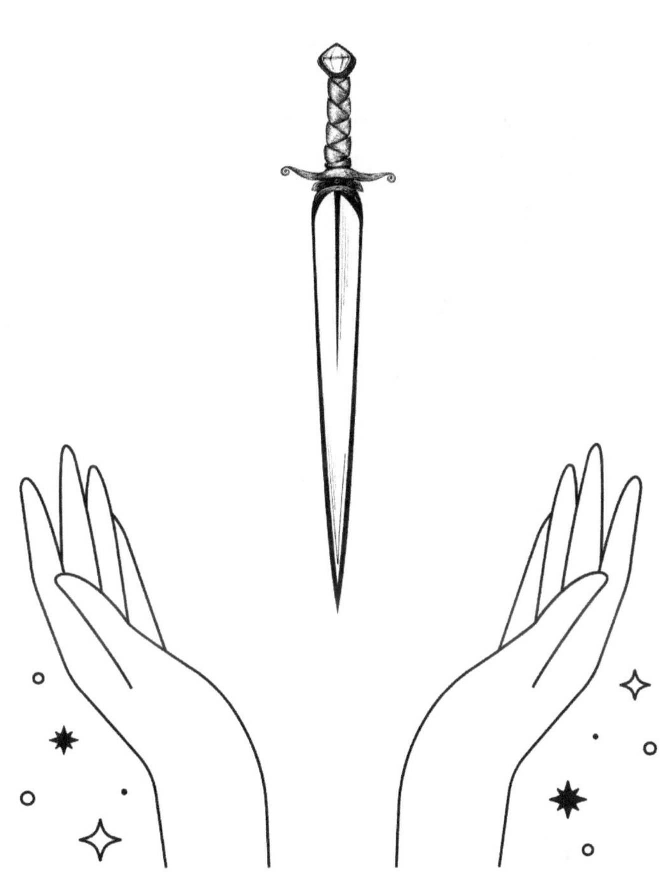

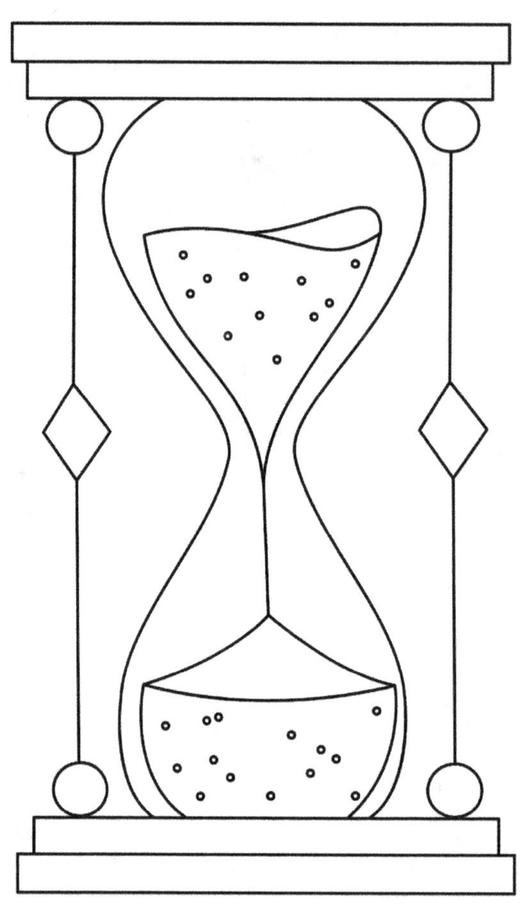

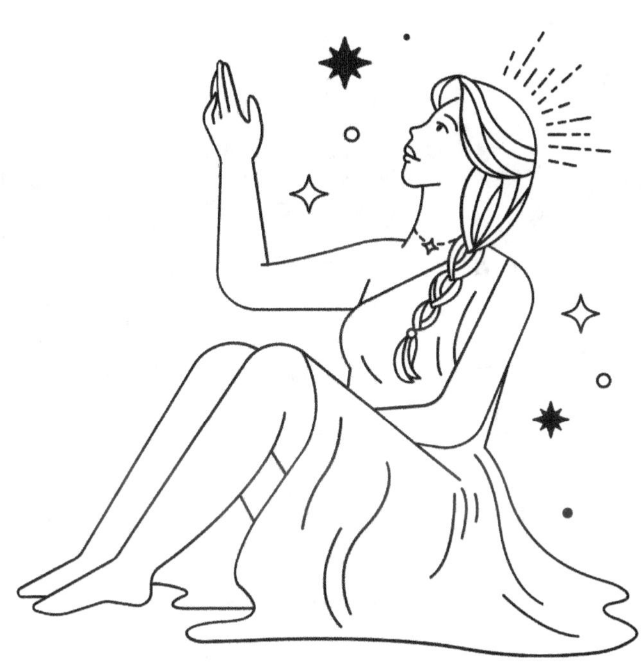

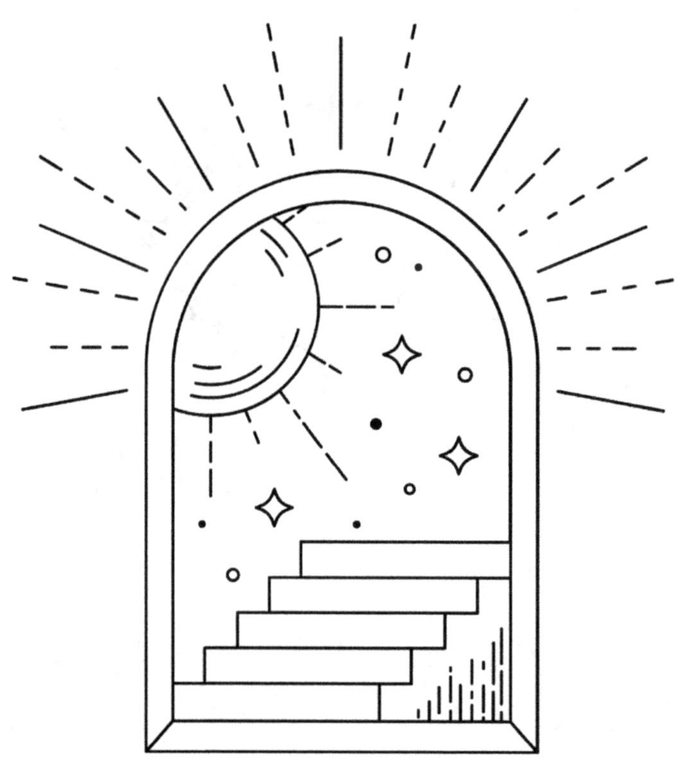

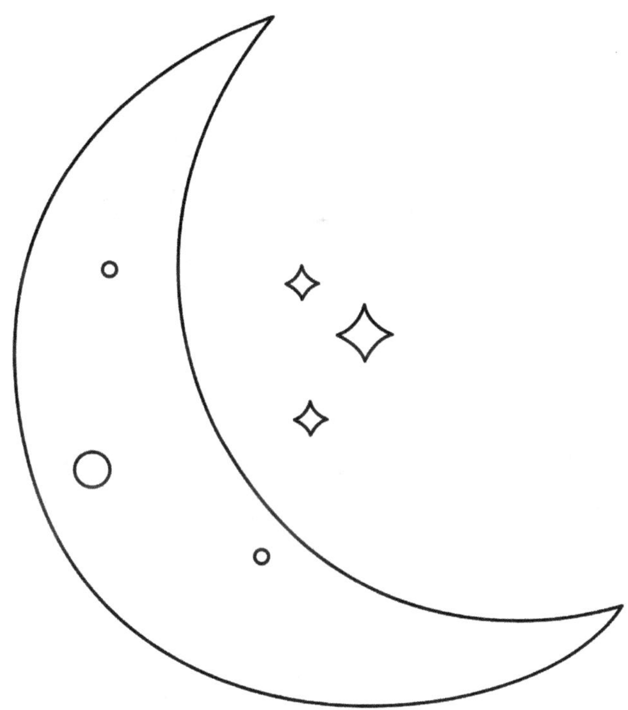

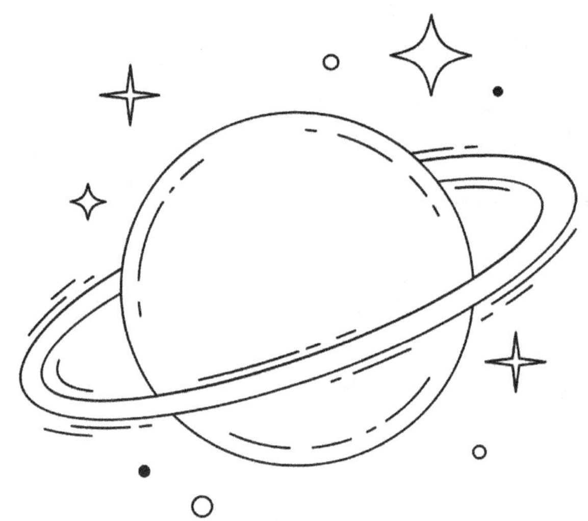

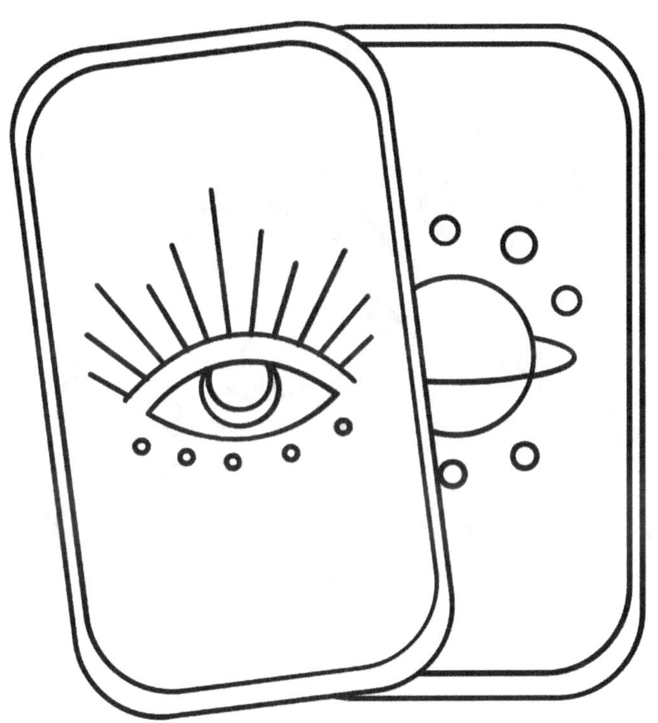

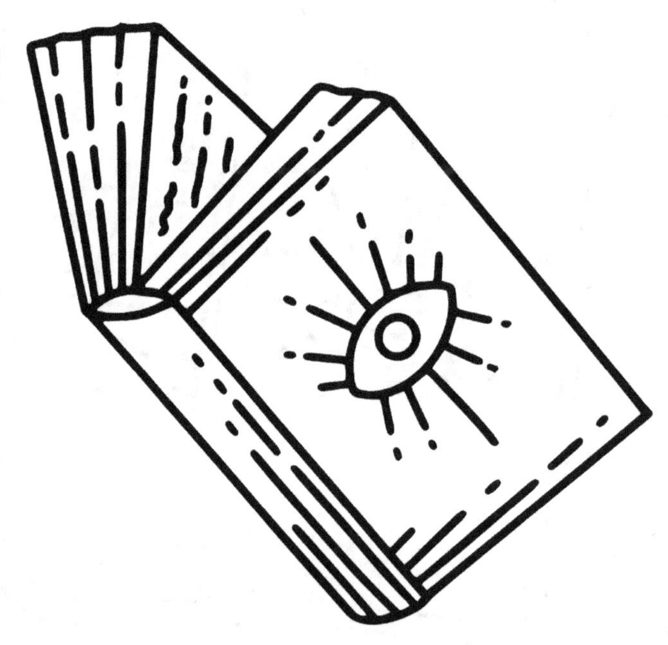

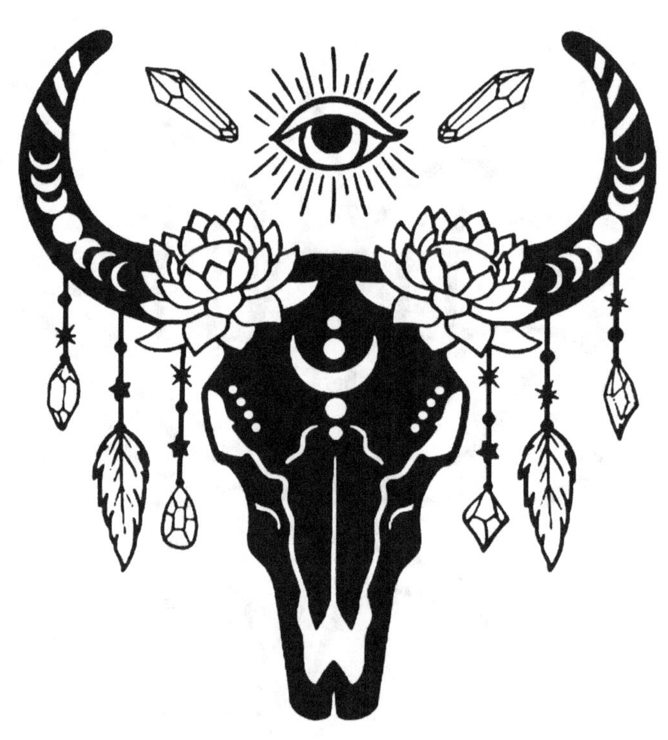

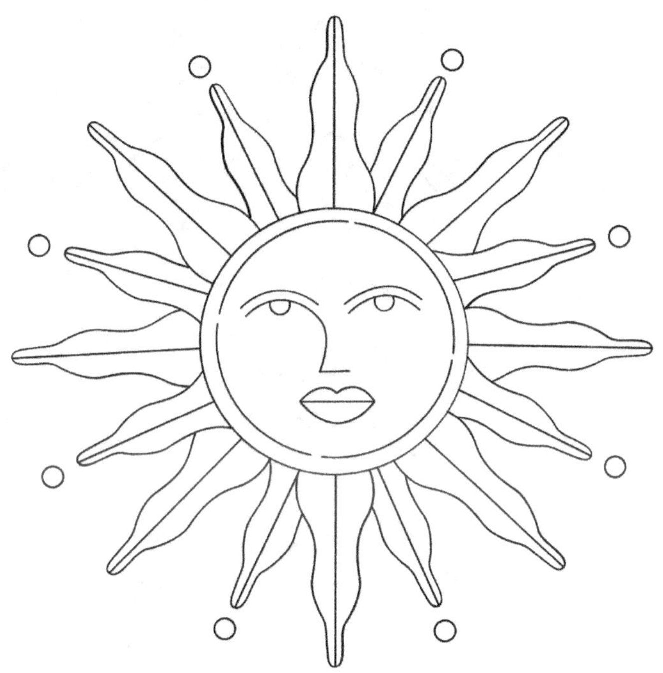

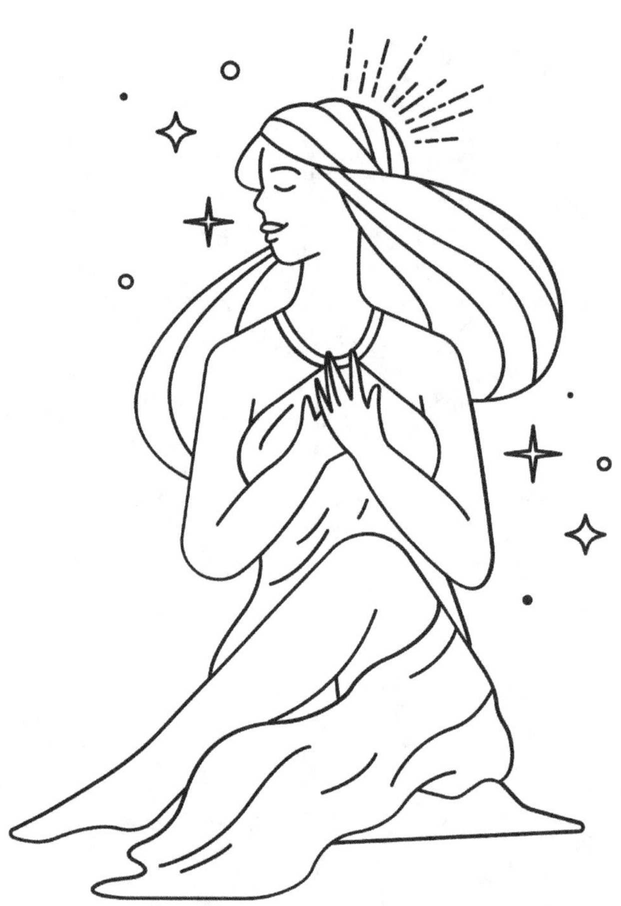

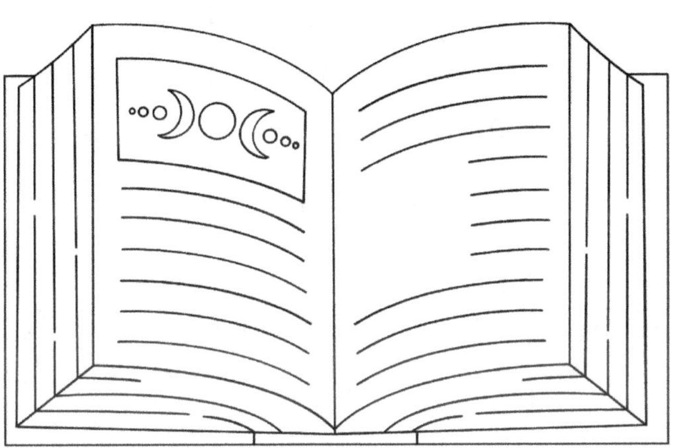

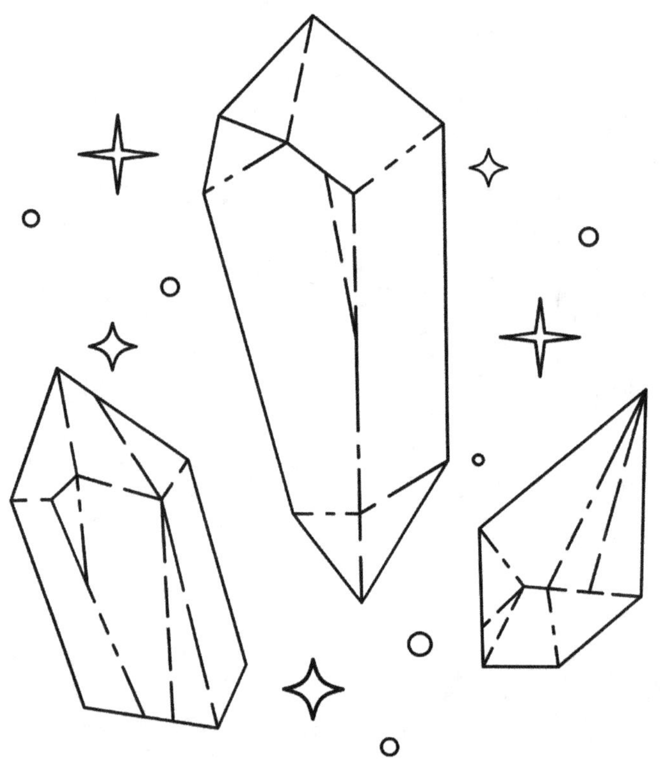

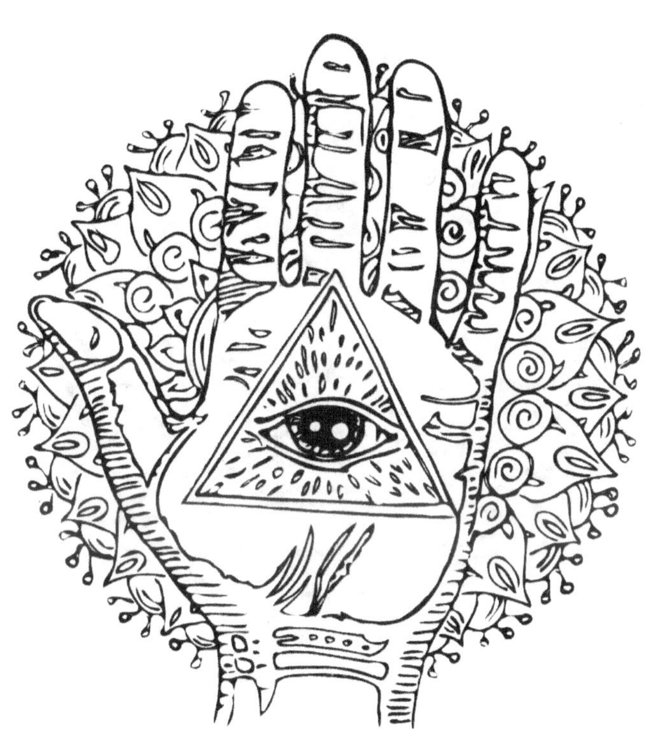

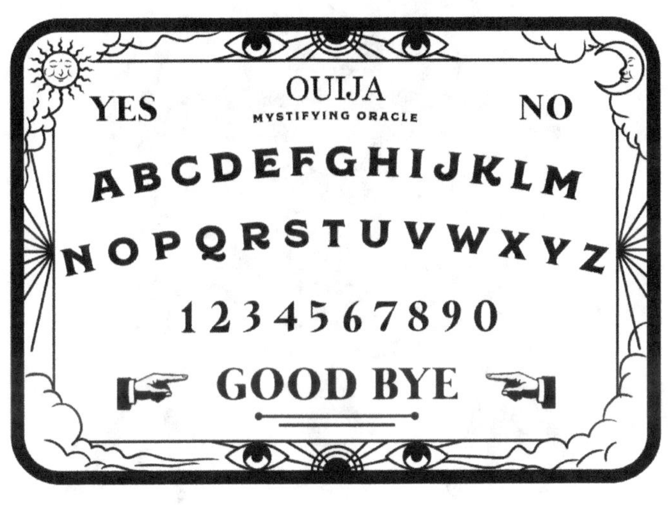

YES
OUIJA
MYSTIFYING ORACLE
NO
A B C D E F G H I J K L M
N O P Q R S T U V W X Y Z
1 2 3 4 5 6 7 8 9 0
GOOD BYE

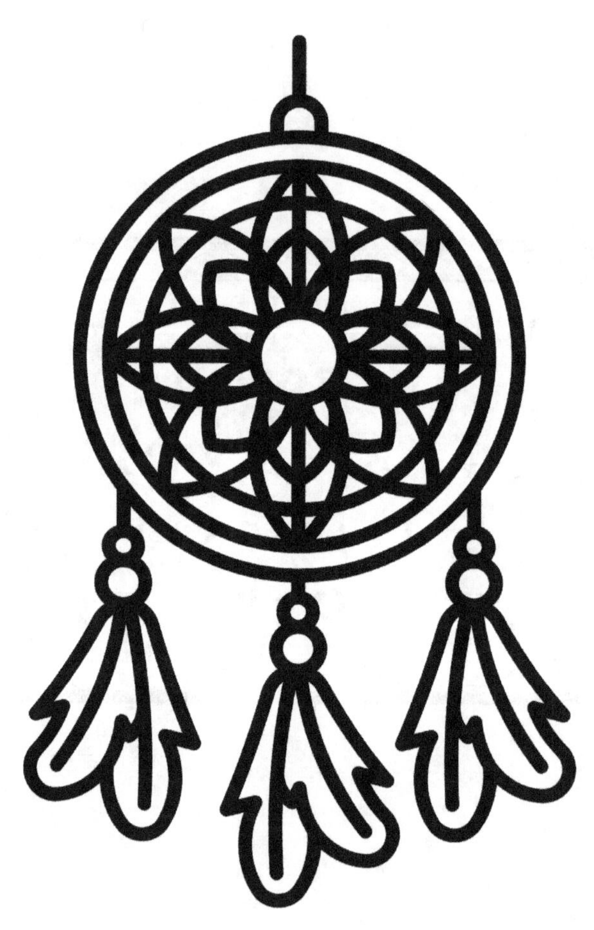

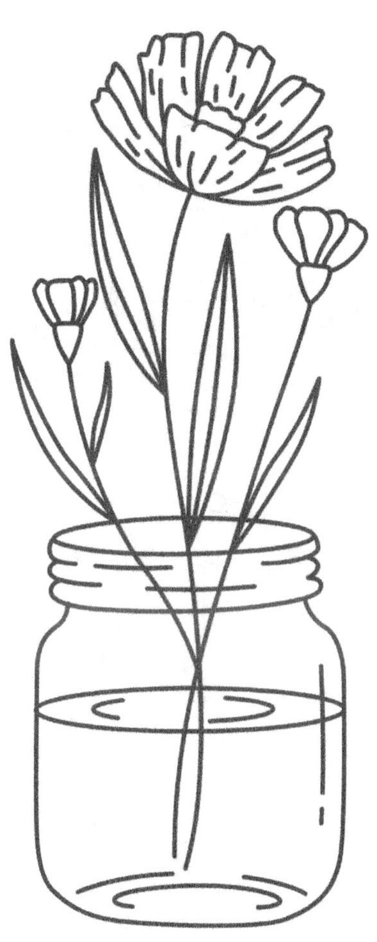

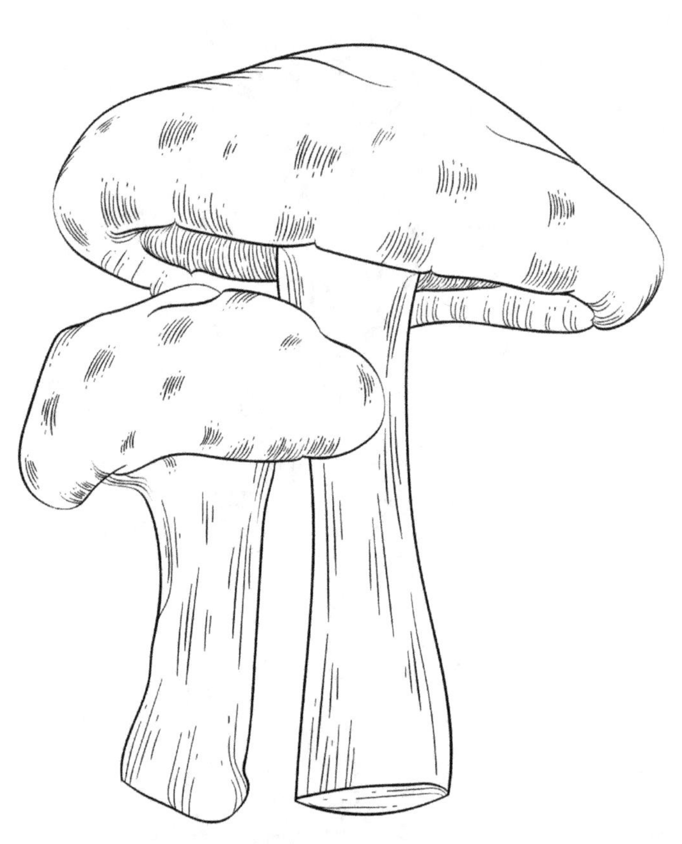

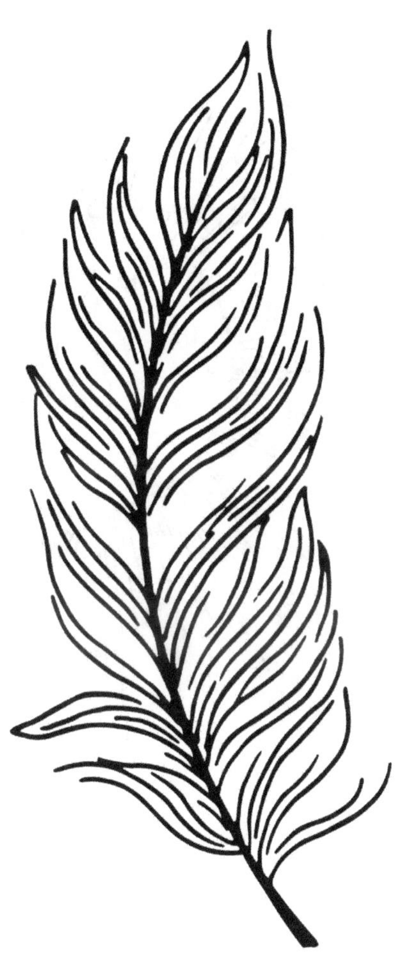

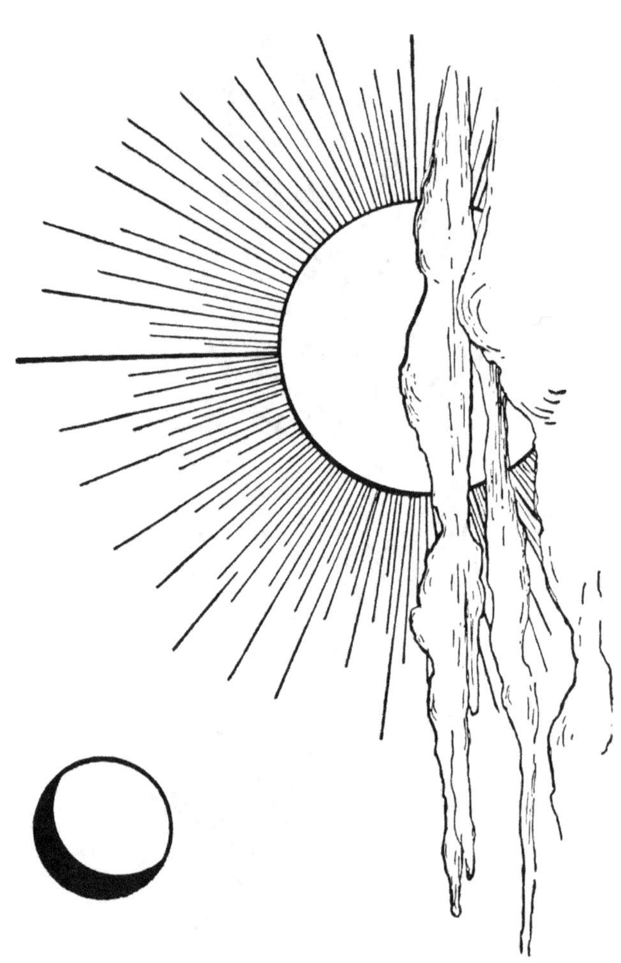

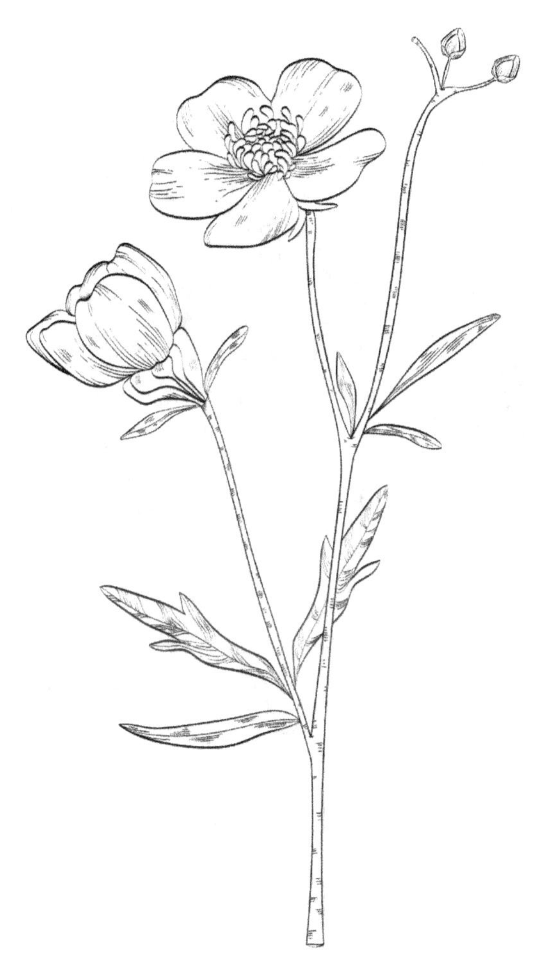

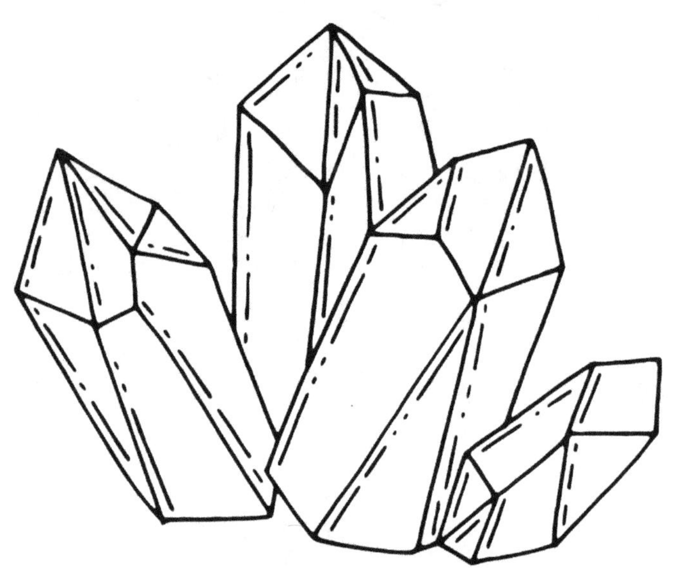

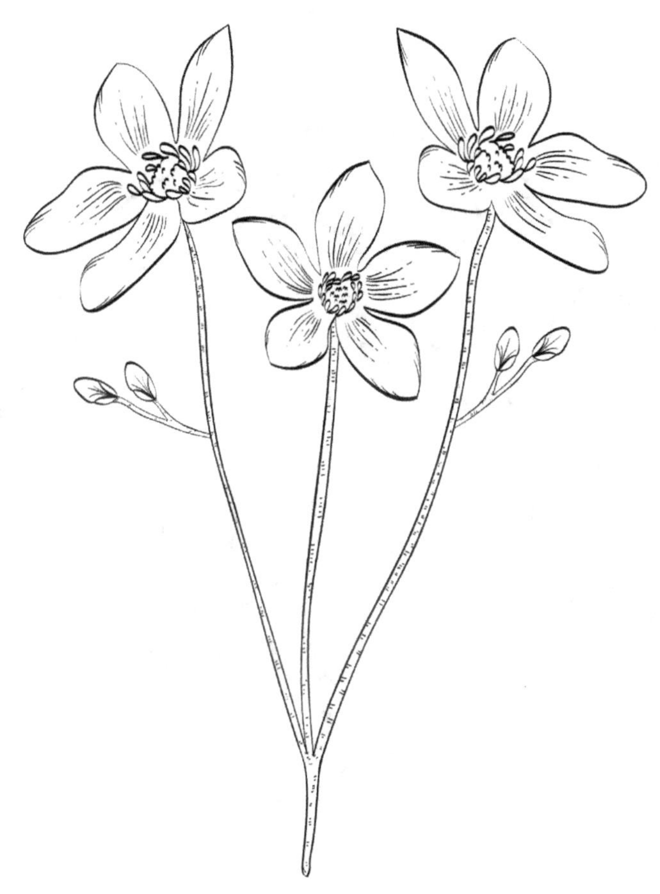

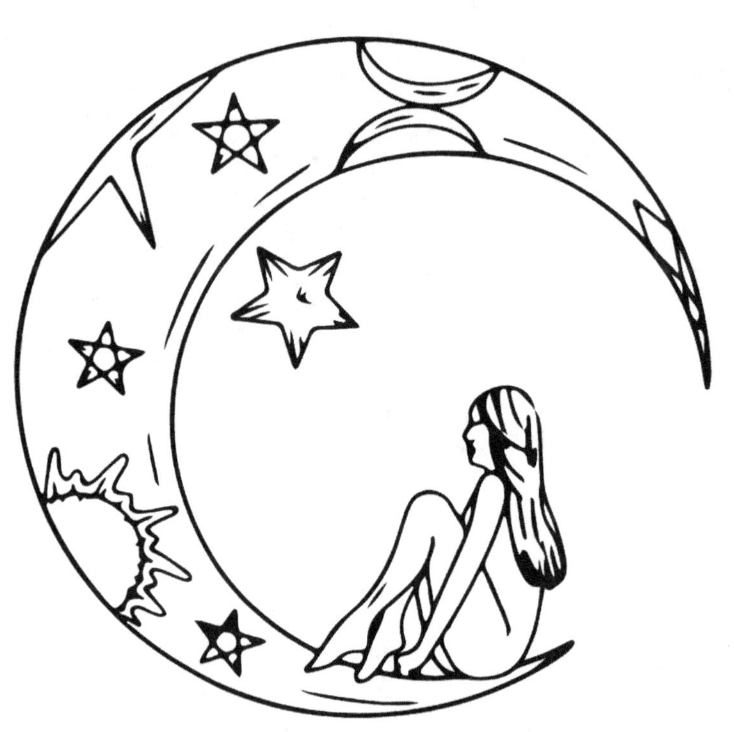

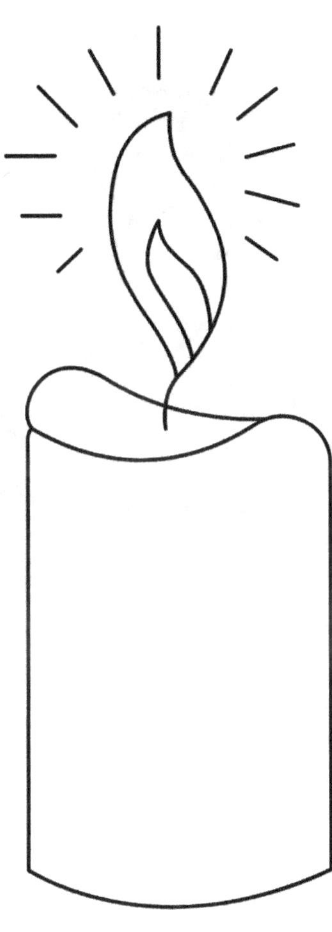

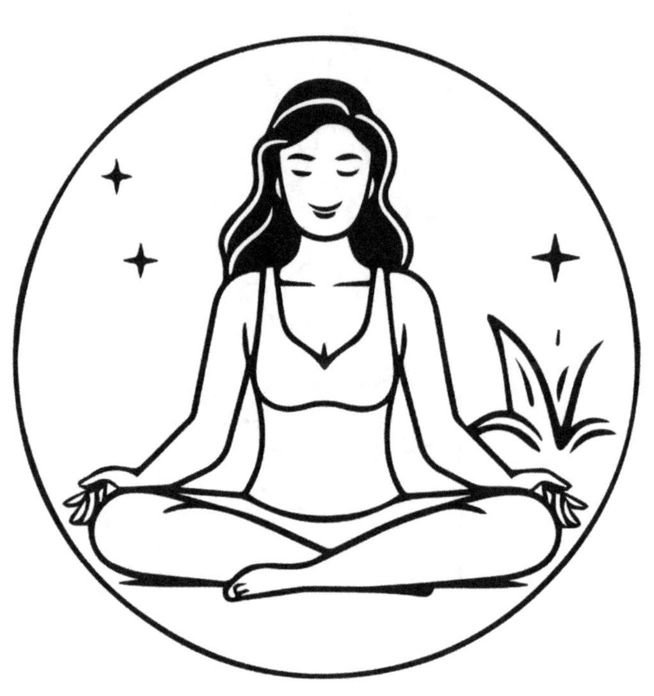

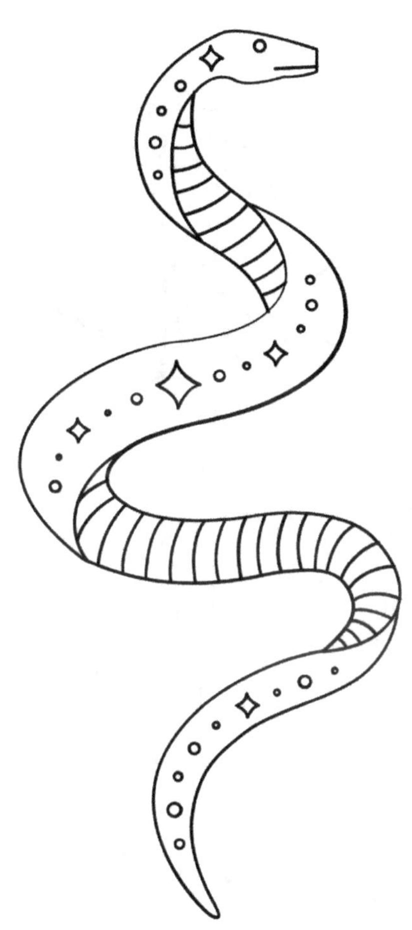

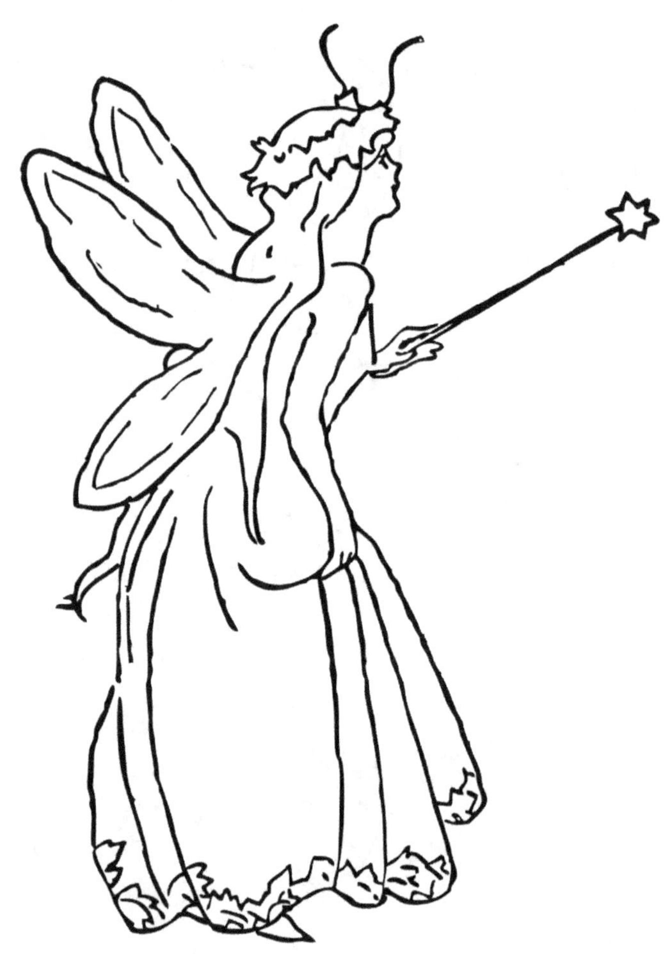

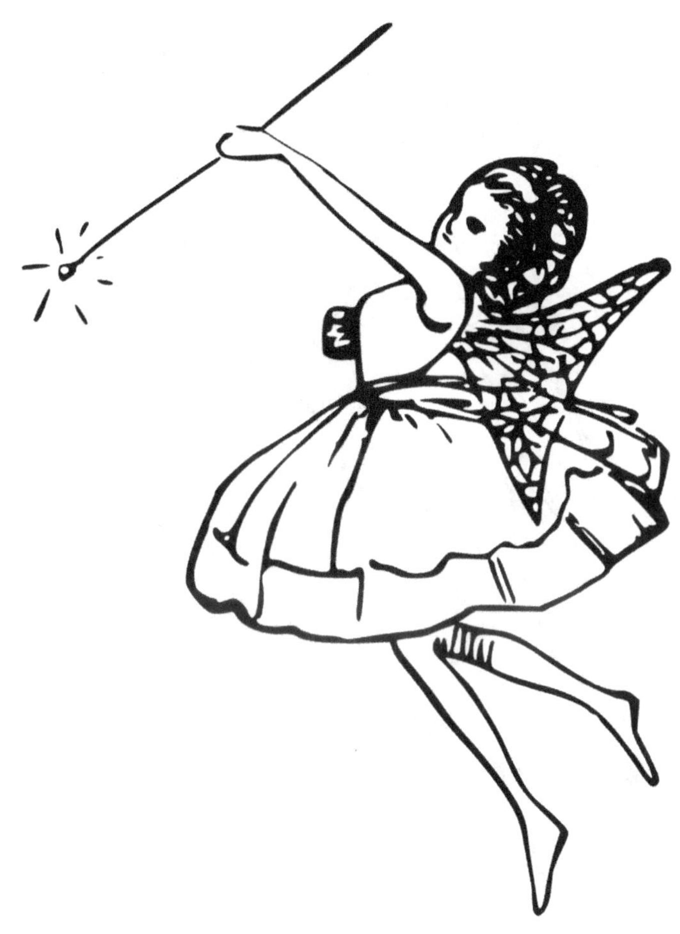

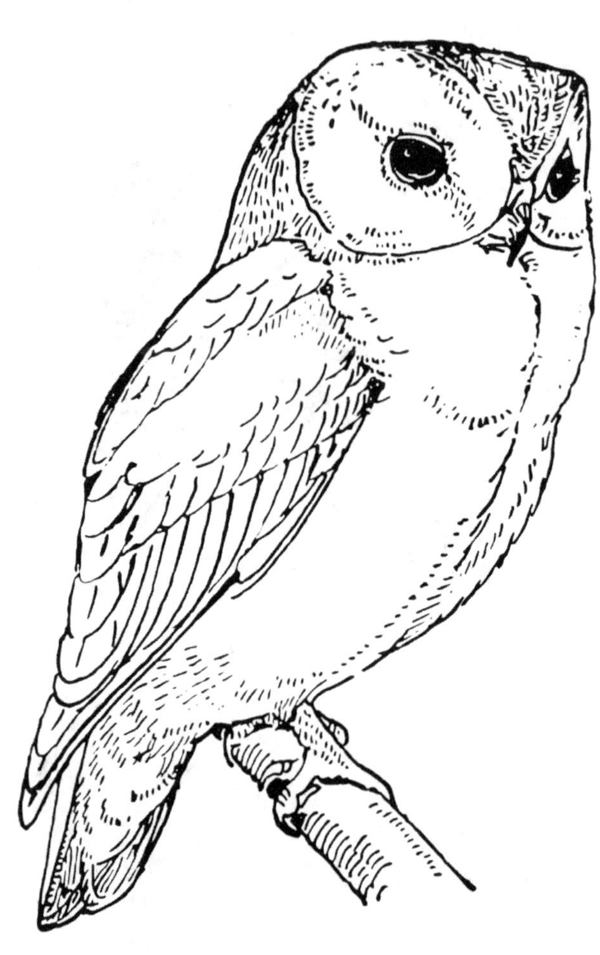

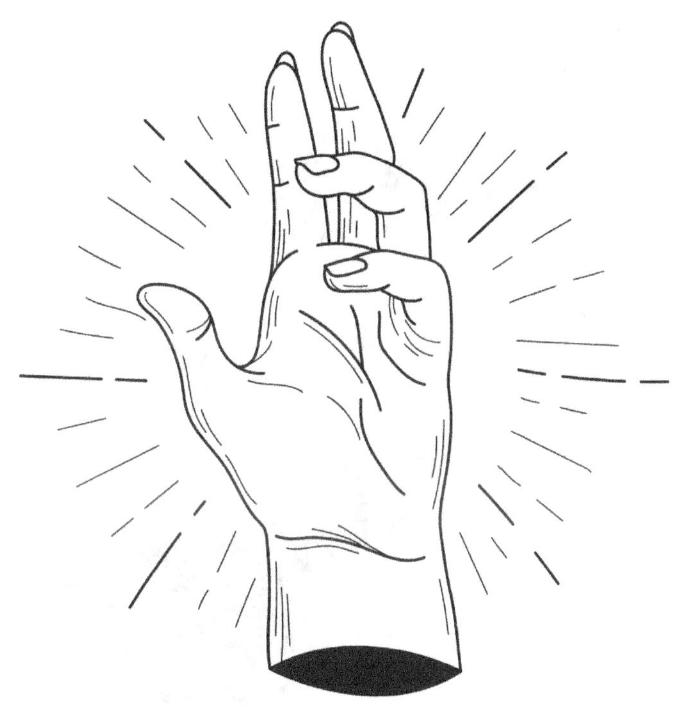

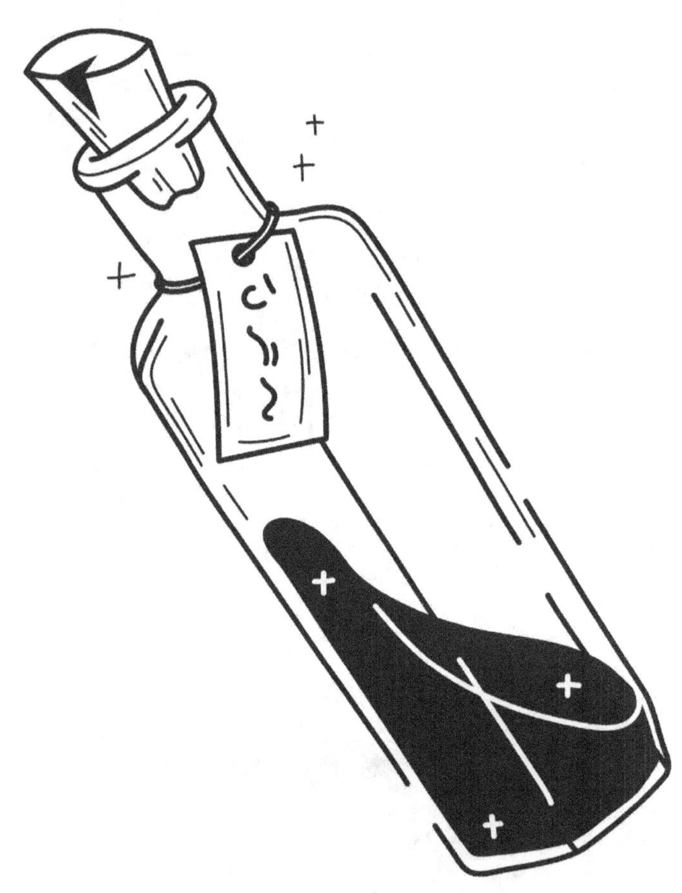

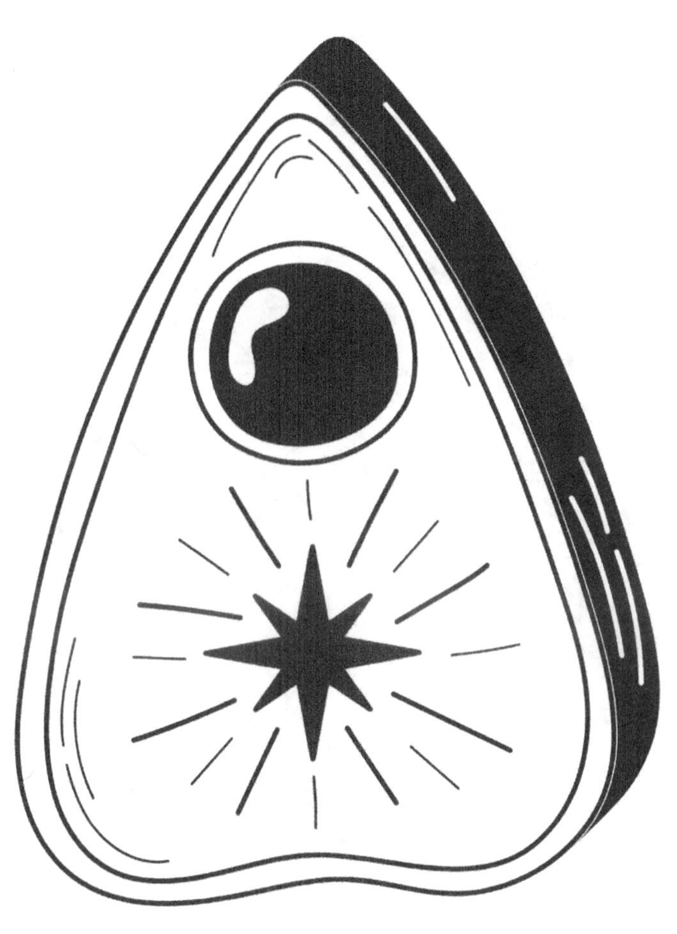

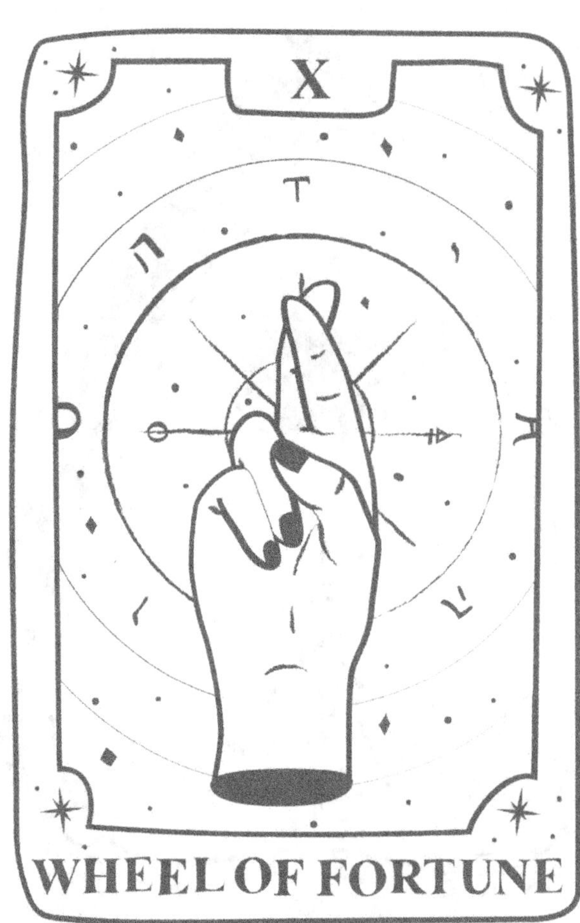
X
WHEEL OF FORTUNE

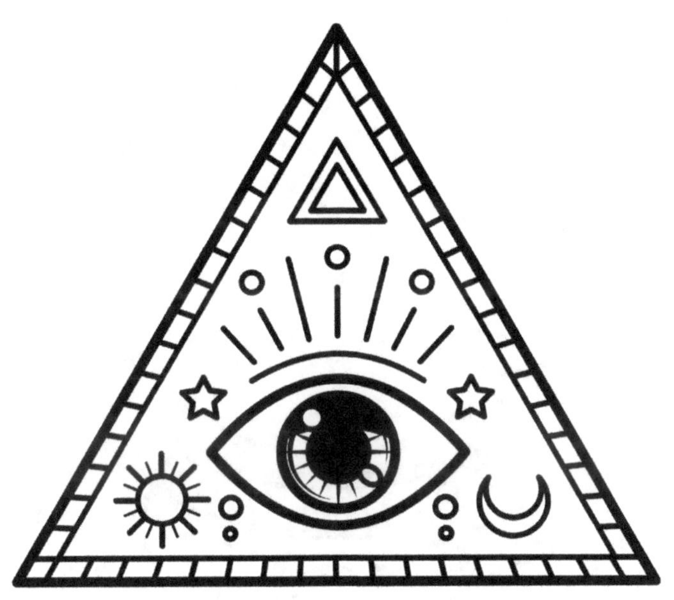

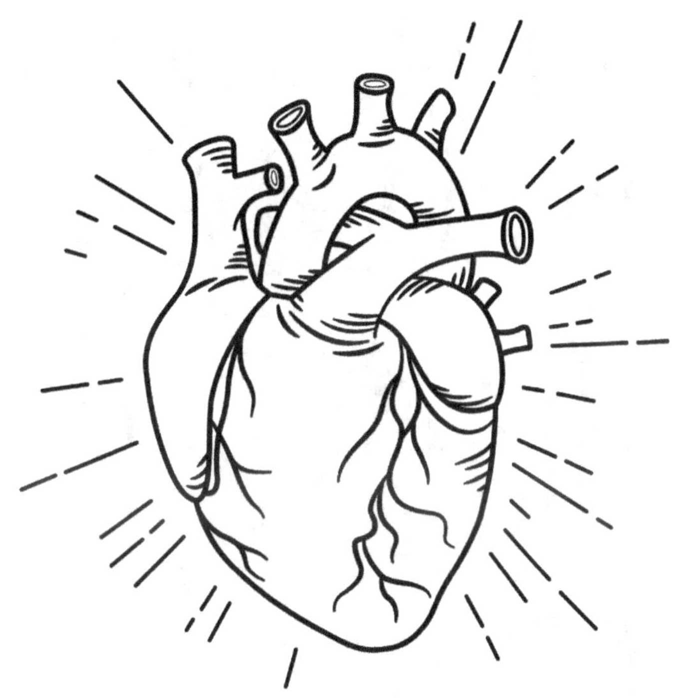

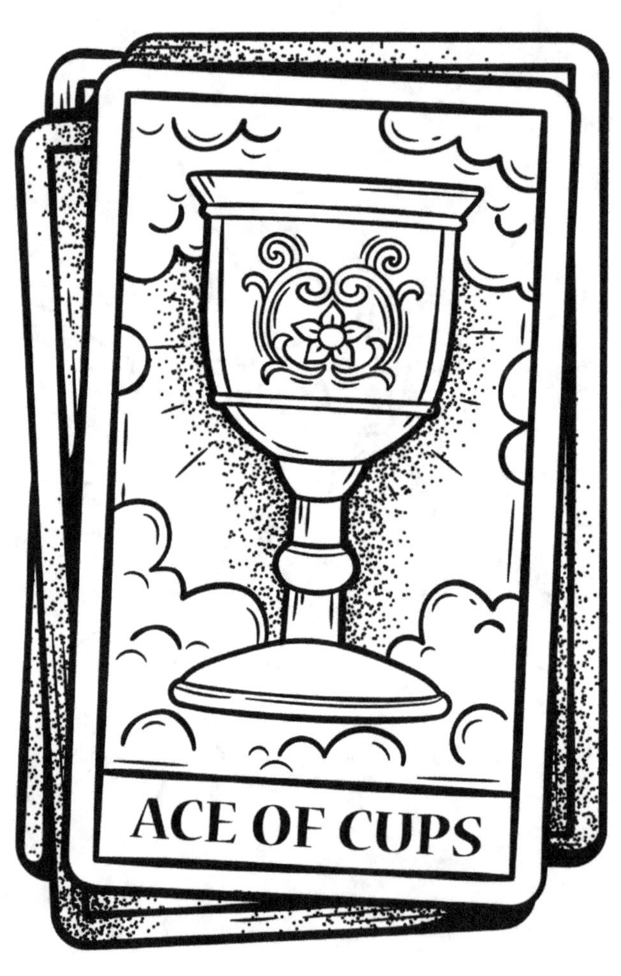

ACE OF CUPS

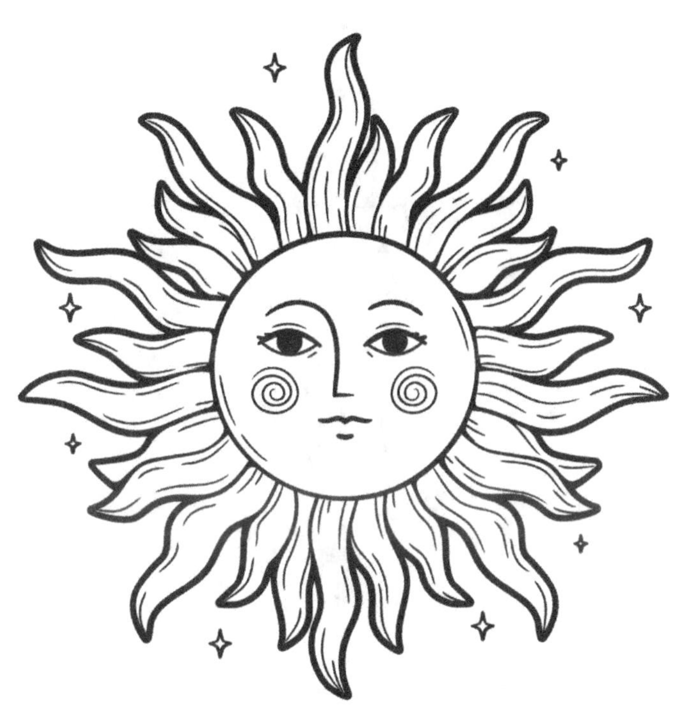

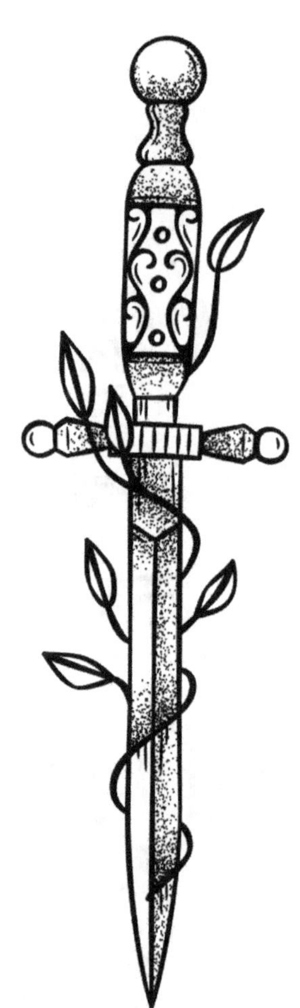

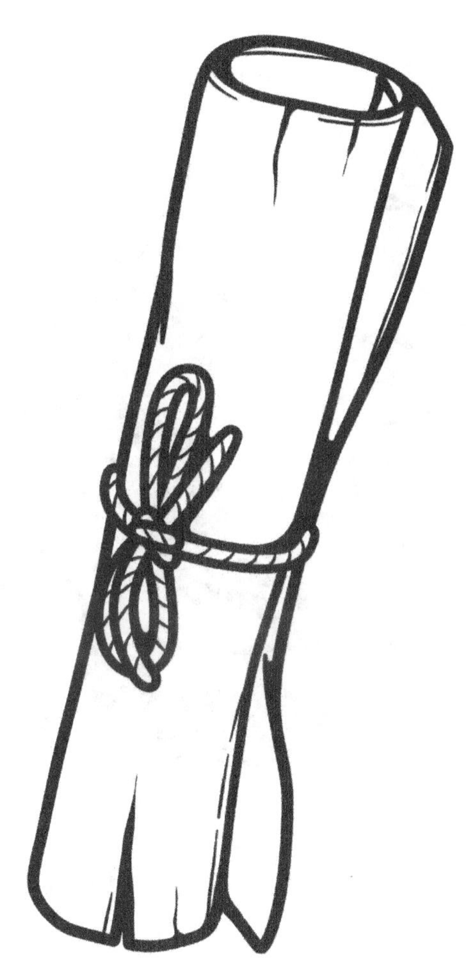

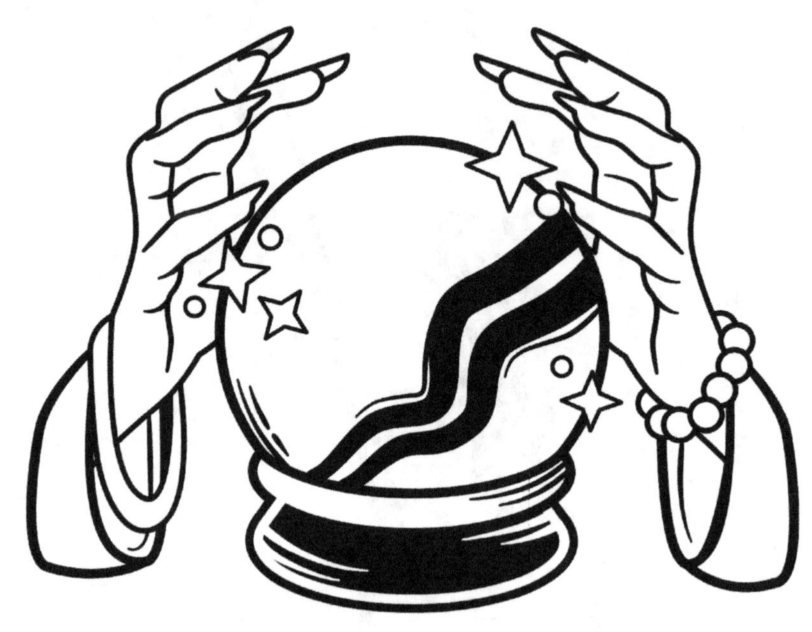

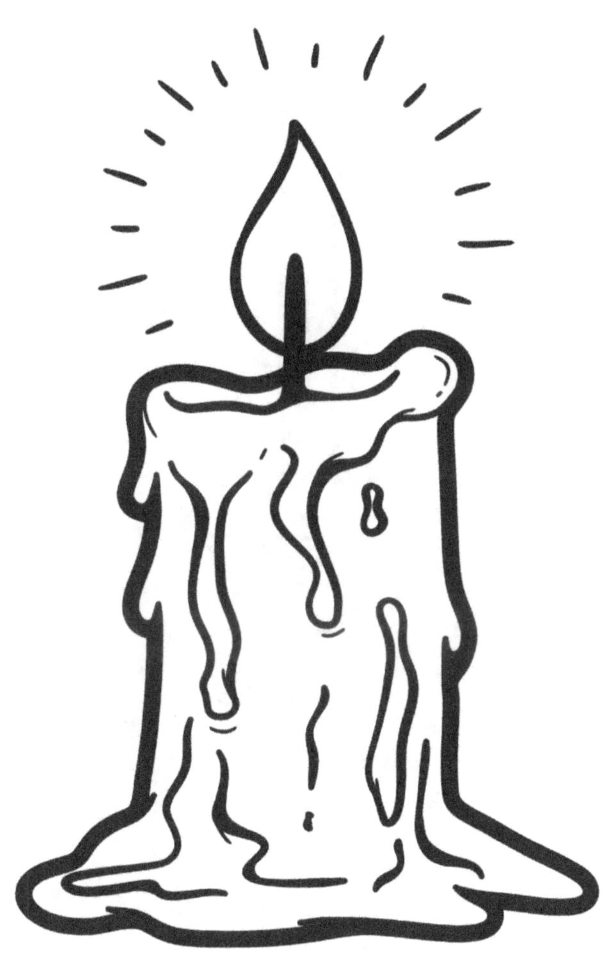

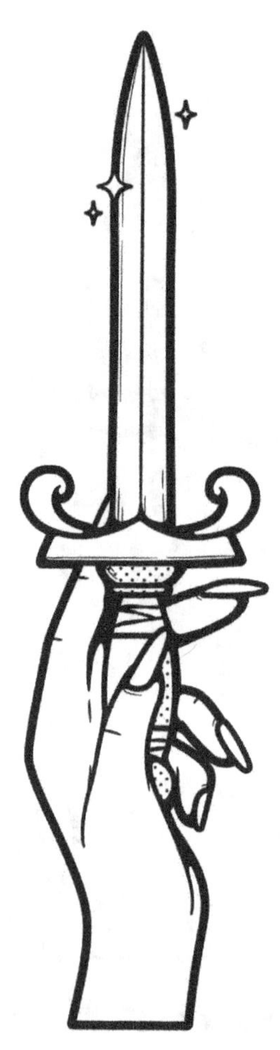

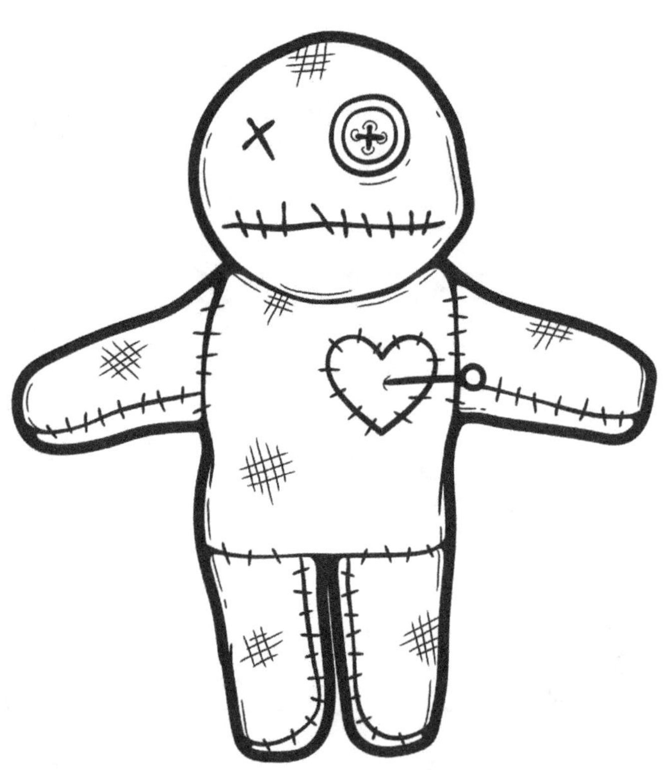

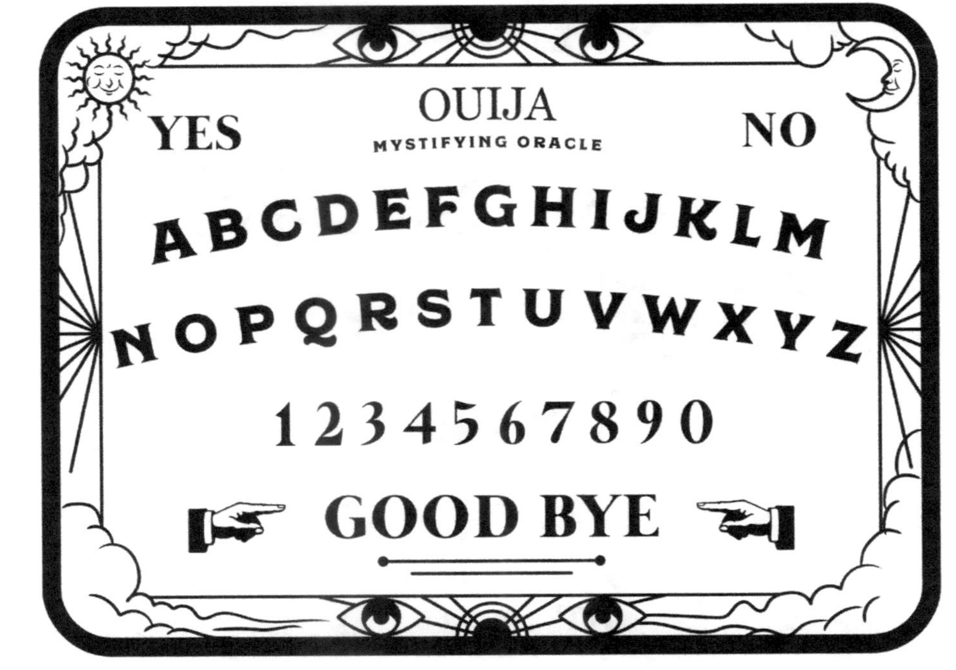

OUIJA
MYSTIFYING ORACLE
YES
NO
ABCDEFGHIJKLM
NOPQRSTUVWXYZ
1234567890
GOOD BYE

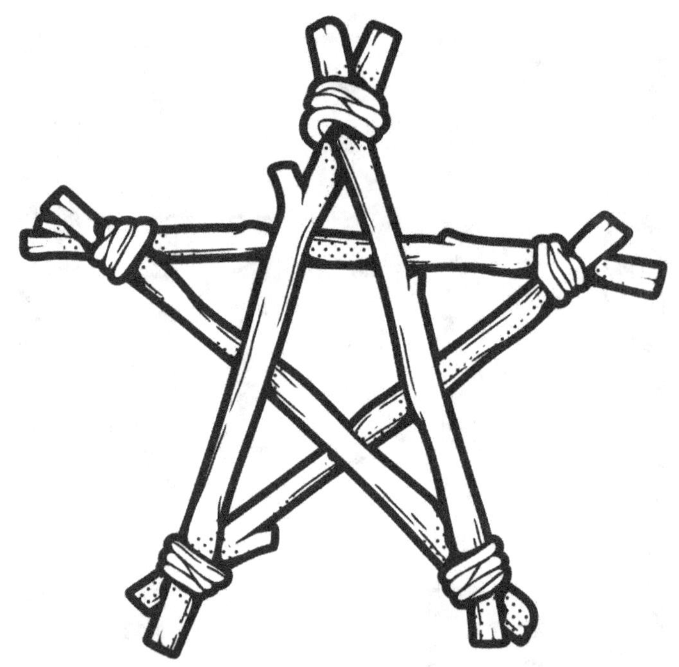

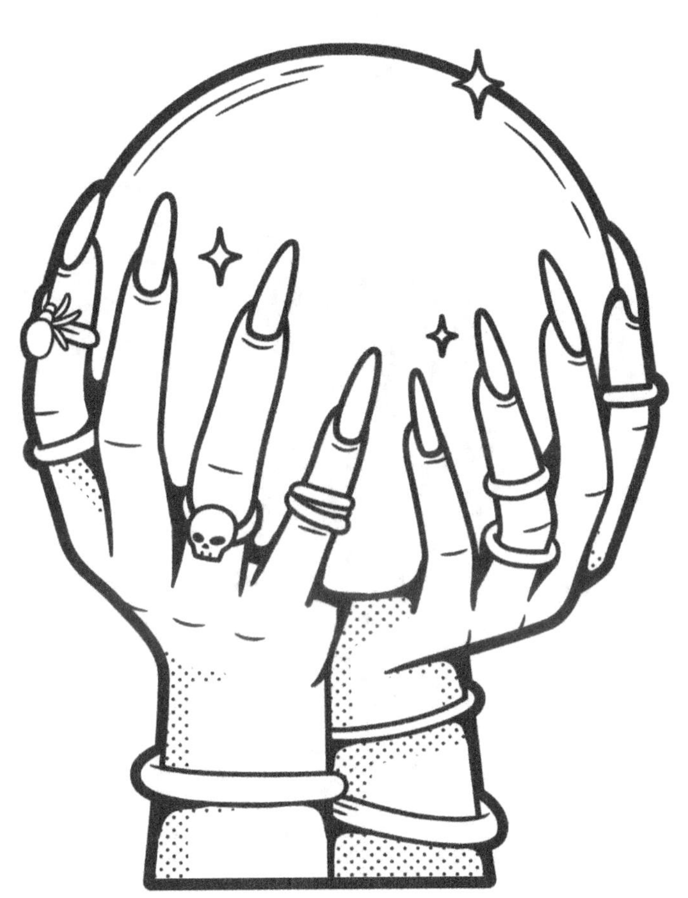

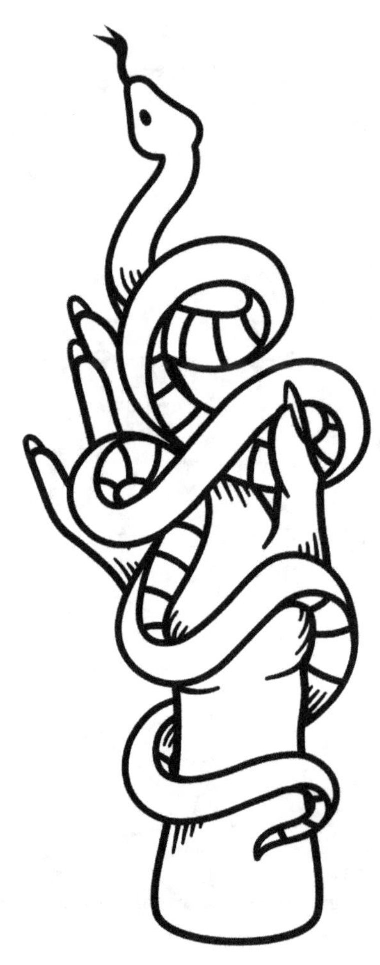

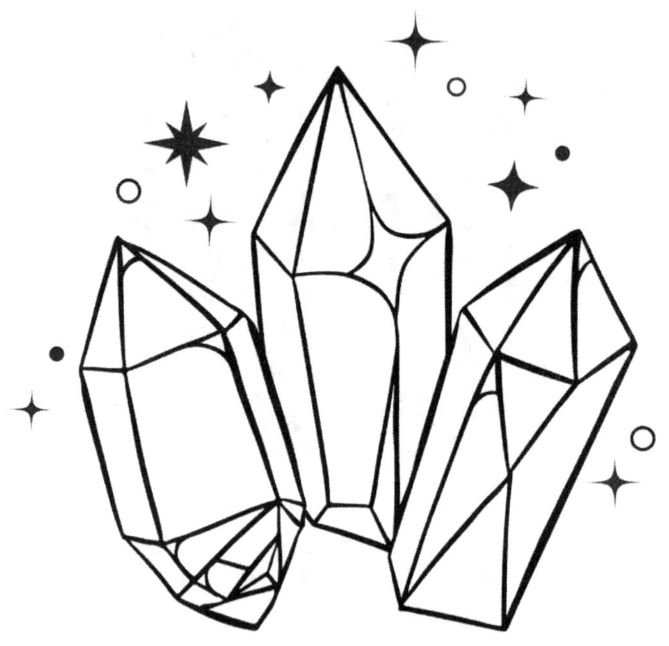

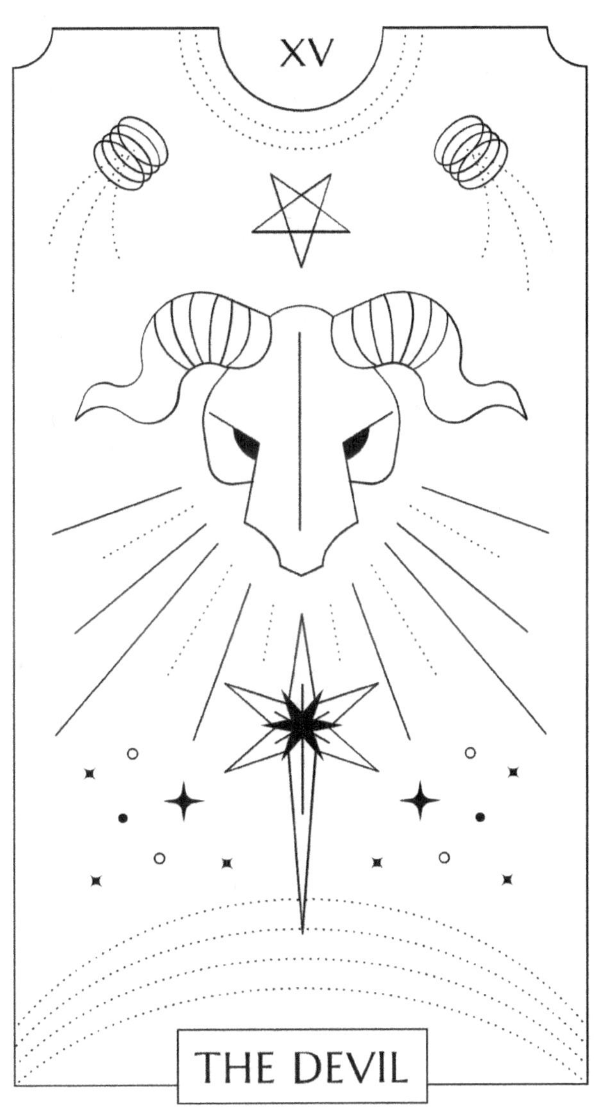

XV
THE DEVIL

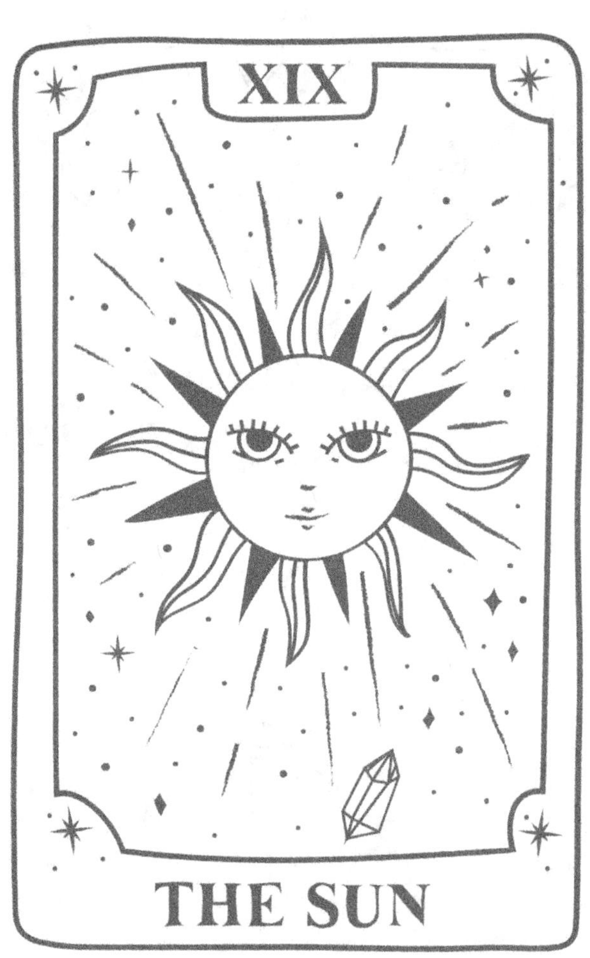

XIX
THE SUN

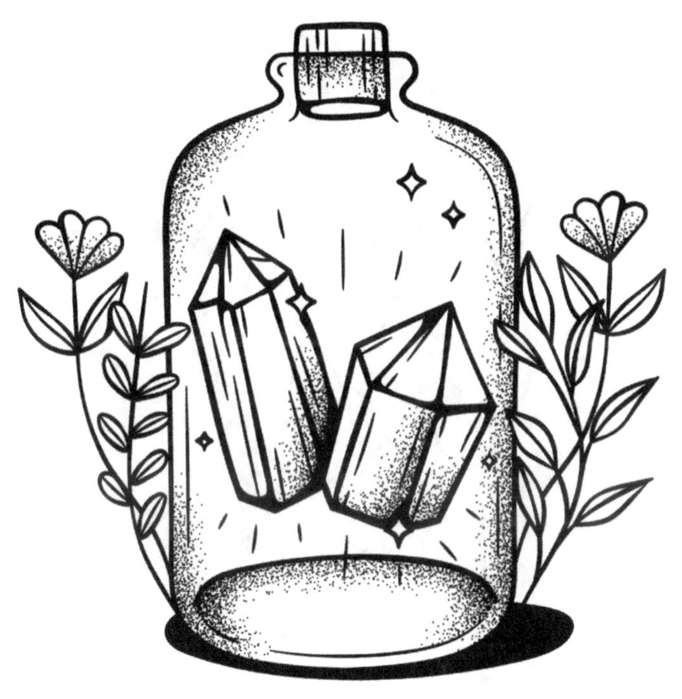

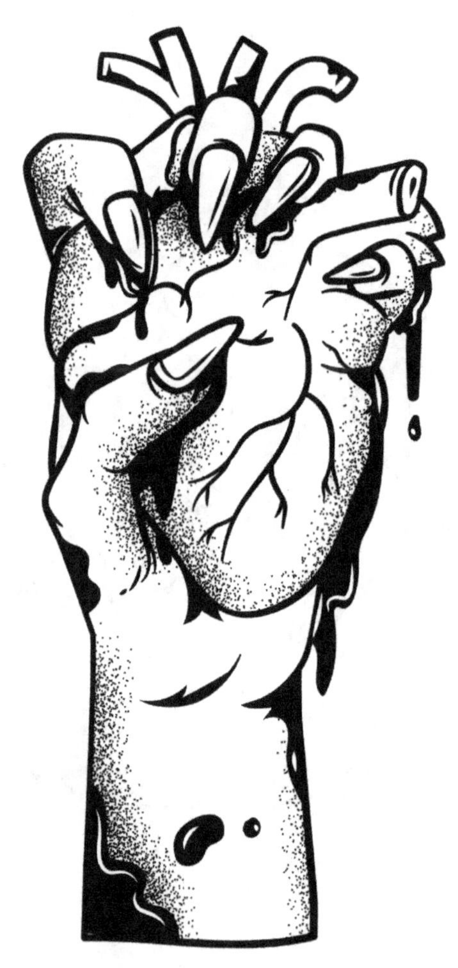

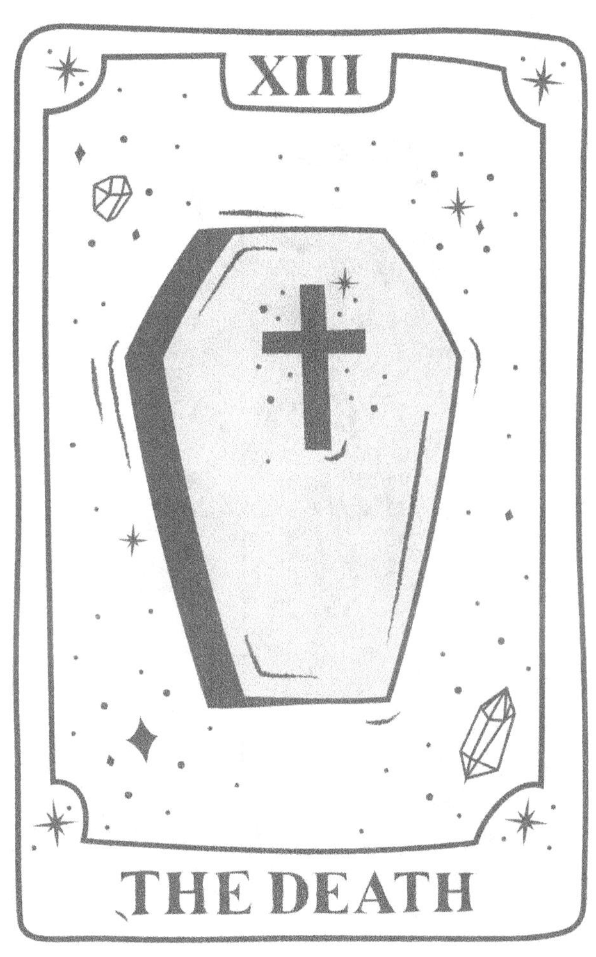

XIII
THE DEATH

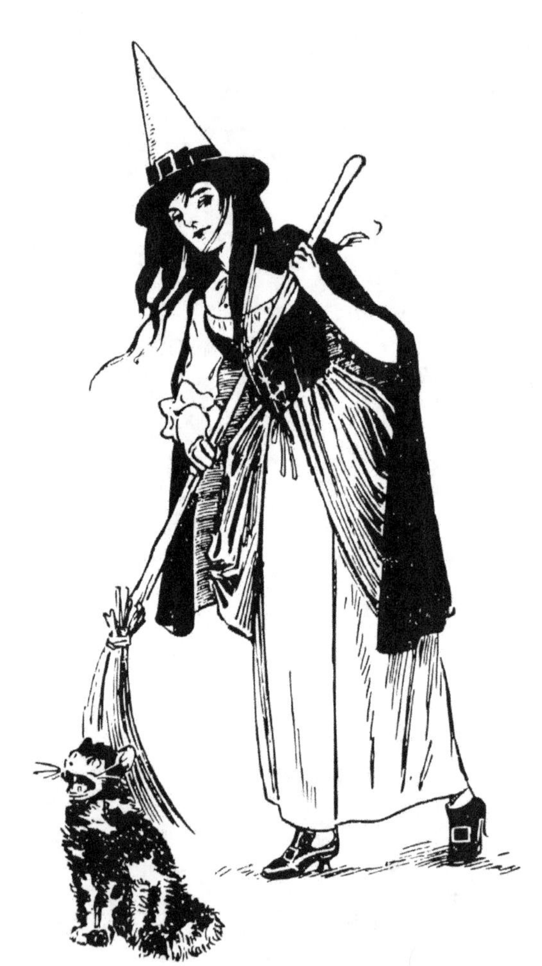

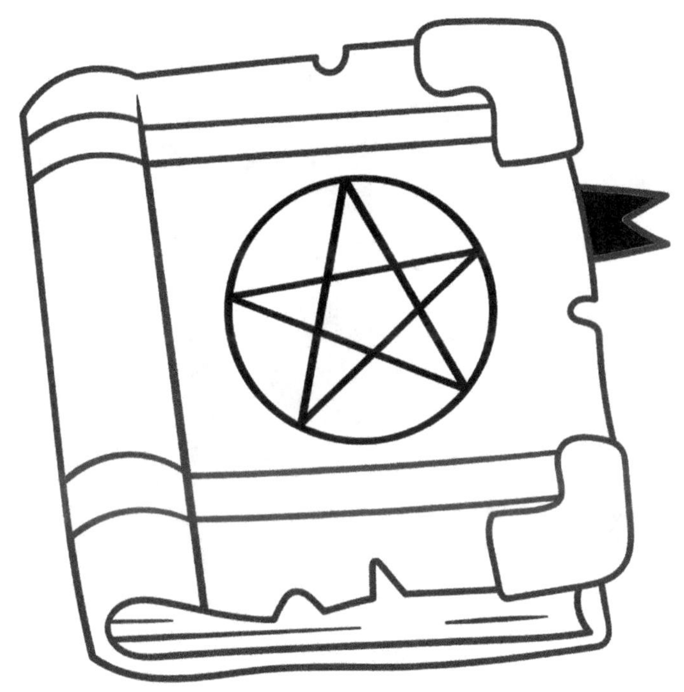

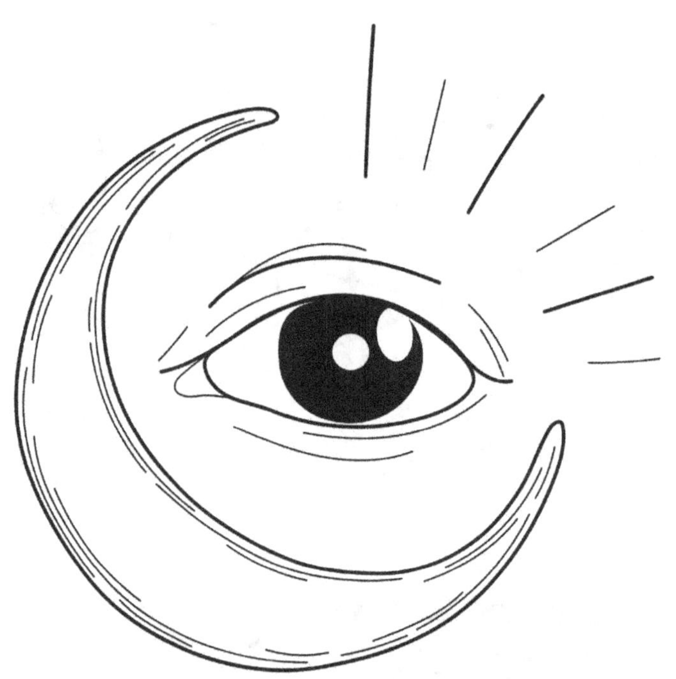